Leo Frühschütz

SCHNELLE KÜCHE

mit Rezepten von Judith Braun

1. Auflage

Lektorat: Elke Achtner-Theiß

Gestaltung: Susanne Vollmar-Weigel

Zeichnungen: Susanne Vollmar-Weigel

Druck: GGP Media, Pößneck

INHALT

VORWORT

Schon wieder Stress. Gerade von der Arbeit heimgekommen, in einer Stunde eine Verabredung und der Magen knurrt. Kein Wunder: Das Kantinenessen ist seit Wochen nicht mehr genießbar und so ein Power-Riegel hält auch nicht ewig vor. Also muss jetzt schnell was Leckeres auf dem Tisch, und zwar sofort. Kochen? Keine Zeit. Ein Stress vermeidender Griff in die Kühltruhe, rein in die Mikrowelle, heiß machen und fertig ist das Gericht. Schmeckt fast wie selbst gemacht. Aber was da in konventionellen Fertiggerichten für Geschmack sorgt, ist für viele Menschen, die sich gesund ernähren wollen, eine Zutat fürs schlechte Gewissen: Geschmacksverstärker, künstliche Aromen und Konservierungsstoffe.
Aber was soll man machen, wenn es eilt? Arbeit und Haushalt unter einen Hut zu bringen ist ein Knochenjob. Da bleibt keine Zeit, sich stundenlang in die Küche zu stellen und Gemüse zu schnippeln, besonders, wenn eine ganze Familie zu verköstigen

ist. Da müssen die hehren Ideale ein wenig zurück stehen. Doch zufrieden sind damit die Wenigsten. Schließlich will man sich nicht nur satt machen, sondern auch gesund ernähren.

Dieses Buch bietet einen Weg aus dem Dilemma. Es zeigt, wie man innerhalb von 20 bis 30 Minuten vollwertige Gerichte auf den Tisch bekommt. Die frischen Zutaten dafür sind alle aus ökologischem Anbau. Sie lassen sich so kombinieren, dass sich für alle Geschmäcker etwas findet und das Mittagessen nie eintönig wird.

Natürlich gibt es auch im Naturkostladen inzwischen Produkte, die beim Kochen Zeit sparen. Die Palette reicht vom Kartoffelknödel bis zur Tiefkühlpizza. Diese Öko-Fertiggerichte sind nicht unumstritten. Denn die Vollwertkost bevorzugt Lebensmittel, die gar nicht oder möglichst wenig verarbeitet sind und frisch zubereitet werden. Dennoch sind Öko-Ketchup, Gemüsebrühe und Co. ein sinnvoller Kompromiss, wenn die Zeit knapp ist. Die Zutaten stammen aus ökologischem Landbau und sind möglichst schonend zubereitet.

Guten Appetit und - bei aller Hektik - viel Spaß beim Kochen!

SCHNELLE VOLLWERTKÜCHE - EIN WIDERSPRUCH?

"Lasst unsere Nahrung so natürlich wie möglich!" lautete das Credo von Werner Kollath, dem Begründer der Vollwertkost. Je unbehandelter und naturbelassener ein Nahrungsmittel ist, desto wertvoller ist es für den Menschen. Kollath unterschied deshalb zwischen lebendiger Nahrung, den "Lebensmitteln" und toter Nahrung, den "Nahrungsmitteln". Zu den Lebensmitteln zählte er unverändertes Rohmaterial wie Obst, rohes Gemüse oder Rohmilch, aber auch mechanisch aufgeschlossene Nahrung wie Säfte oder Mehl sowie Fermentiertes. Zum Beispiel Sauerkraut. Diese Lebensmittel sollen nach Kollath die Basis der menschlichen Ernährung bilden. Zur toten Nahrung gehört laut Kollath Gekochtes, Konserviertes und als niedrigste Stufe "präpariertes Material". Darunter verstand er alle künstlichen Stoffe, aber auch stark verarbeitete natürliche Substanzen, etwa Weißmehl und Zucker. Schonend Gekochtes ist nach Kollaths Sicht zur Kalorienzufuhr noch vertretbar, der Anteil sollte nicht über 40 Prozent liegen. Konserven und Zucker dagegen erlaubte er nur für Notzeiten. Alles andere an "präpariertem Material" lehnte der Vollwert-Pionier strikt ab.

In den verschiedenen Varianten der Vollwertlehre, die seitdem entwickelt wurden, hat sich an der Abneigung gegen stark verarbeitete Lebensmittel und isolierte Nährstoffe nichts geändert. Fabriknahrung nennt sie etwa der Arzt Max-Otto Bruker und macht sie für eine Vielzahl an Zivilisationskrankheiten verantwortlich. In den zwölf Grundsätzen der Vollwerternährung, die der Gießener Ernährungswissenschaftler Claus Leitzmann aufgestellt hat, heißt es knapp und deutlich: "Vermeidung von Nahrungsmitteln mit Zusatzstoffen" und "Vermeidung von Nahrungsmitteln aus Gentechnik, Food Design und Lebensmittelbestrahlung". Solche Nahrungsmittel lassen sich natürlich am Besten vermeiden, indem man selbst kocht und so die Kontrolle über alle Zutaten behält. Die Vollwerttheorie legt deshalb auf die Zubereitung ebenso viel Wert wie auf die Qualität der Zutaten. Diese sollten, soweit möglich, aus ökologischem Landbau stammen.

Vor diesem Hintergrund ist es verständlich, dass überzeugte Vollwertköstler Bio-Fertiggerichte als Bruch mit ihren Traditionen empfinden und sie vehement ablehnen. Erst in den letzten Jahren kamen solche Produkte vermehrt in Naturkostläden. Auch wenn mancher Ladeninhaber sie immer noch skeptisch beäugt: der Absatz nimmt zu. Denn Fertiggerichte liegen im Trend und erleichtern auch solchen Menschen den Alltag, die sich gerne vollwertig ernähren. Sie können sich damit trösten, dass laut Kollath in Notzeiten auch Konserven erlaubt sind, und dies auch für den Zeitnotstand gelten muss, in den man beim Spagat zwischen Arbeit, Familie und Freizeit zwangsläufig kommt.

Dies mag für Obst- und Gemüsekonserven oder Eintopf in Dosen durchaus gelten. Ums Prinzip geht es dort, wo isolierte Nährstoffe und Zutaten verwendet werden, die aus industrieller Verarbeitung stammen. Ein Beispiel dafür ist der Hefeextrakt, der sich auch in vielen Bio-Suppenwürfeln findet. Um ihn herzustellen wird Hefe auf Weizen oder Melasse vermehrt. Ein Hitzeschock sorgt dann dafür, dass die Hefe abstirbt und durch die eigenen Enzyme zersetzt wird. Die durch diesen Autolyse genannten Vorgang gewonnen Eiweißbruchstücke werden gereinigt und zum Extrakt eingedickt. Mit einem lebendigen Lebensmittel hat dieser Herstellungsprozeß wenig zu tun. Ähnliches gilt für Quellstärke. Hier wird aus Kartoffeln oder Getreide zuerst die reine Stärke gewonnen und anschließend physikalisch verändert, um sie saugfähiger zu machen. Nimmt man Enzyme und schneidet die Stärke damit in Stücke, heißt der neue Stoff Maltodextrin. Dieser nichtsüße Zucker dient als Füllstoff - auch in manchen Ökosuppenwürfeln. Bei derartig denaturierten Substanzen kann man sich trefflich streiten, wie wichtig es noch ist, dass sie aus biologisch angebauten Rohstoffen gewonnen werden. Von deren "Lebenskraft" zumindest ist nichts mehr übriggeblieben. Diese Vitalität frischer Lebensmittel ist übrigens keine Theorie. Es gibt mehrere physikalische Verfahren, mit denen sich die besondere Qualität von Lebensmitteln jenseits aller Nährstofftabellen nachweisen lässt. So können etwa die Biophotonen gemessen werden, das sind Lichtpartikel, die jeder lebende Organismus ausstrahlt, und zwar um so mehr, je lebendiger er ist. Mit diesem Verfahren lassen sich Eier aus Legebatterien und Freilandhaltung unterscheiden, auch wenn sie von den Nähr- und Inhaltsstoffen her völlig identisch sind. Auch die unterschiedliche Lagerung gleicher Produkte lässt sich so nachweisen, oder ob ein Speiseöl raffiniert wurde. Dies zeigt, dass sich Lebensmittel nicht auf ihre Inhaltsstoffe reduzieren lassen und es sehr wohl einen Unterschied macht, ob man Stärke in Form einer Frischkornbreis zu sich nimmt oder als isolierten Stoff. Es macht also Sinn darauf zu achten, dass man möglichst viel lebendige und qualitativ hochwertige Nahrung zu sich nimmt. Das schließt den gelegentlichen Griff zu Tütensuppe und Tiefkühlpizza nicht aus. Nur zur Gewohnheit sollte er nicht werden.

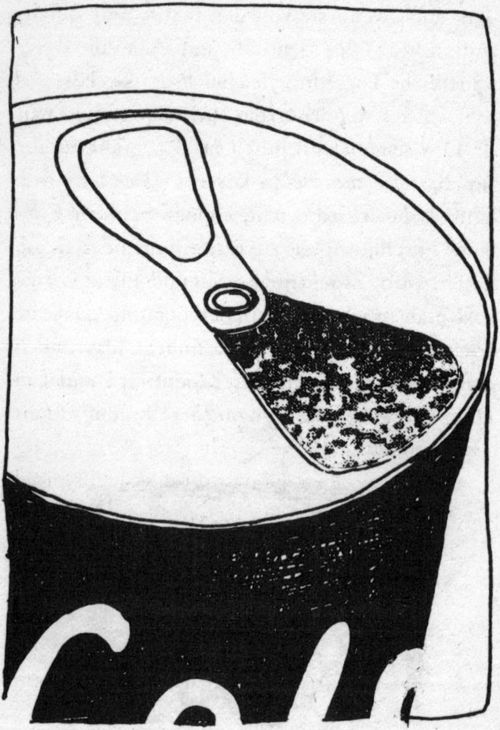

VORSICHT: CHEMIEBAUKASTEN

Mögliche Inhaltsstoffe in konventionellen Fertiggerichten

Wenn es darum geht, frisches Aussehen und kräftigen Geschmack vorzutäuschen, sind Lebensmittelchemiker nicht verlegen. Food-Design heißt die Wissenschaft mit deren Hilfe Fertiggerichte so konzipiert werden, dass sie fast allen Ansprüchen gerecht werden, die der Verbraucher in Umfragen äußert. Nur gesund sind solche Produkte nicht unbedingt. Zwar verweisen die Hersteller immer darauf, dass sie nur Zusatzstoffe und Hilfsmittel verwenden, die gesetzlich zugelassen sind. Doch das ist keine Garantie dafür, dass diese Substanzen auch unschädlich sind. Unnötig sind sie in den meisten Fällen. Einige der wichtigsten Helfer moderner Food-Ingenieure lernen sie auf den nächsten Seiten kennen. Nicht immer stehen sie auch auf dem Etikett.

Farbstoffe - Kosmetik für Lebensmittel

Fertiggerichte sollen so aussehen wie auf dem Werbeplakat. Das ist nicht so einfach, wenn die Zutaten nicht so bunt sind oder bei der Herstellung und Lagerung ihre Farbe verlieren. Um das auszugleichen, verwendet die Lebensmittelindustrie Farbstoffe. Einige von ihnen sind pflanzlichen Ursprungs wie das Betanin (E 162) aus roten Rüben, die meisten werden synthetisch hergestellt. Als bedenklich gelten neben anderen die roten Farbstoffe Allurarot (E 129) und Erythrosin (E 127). Sie stehen im Verdacht, Hyperaktivität bei Kindern zu verursachen. Zahlreiche Buntmacher gelten als allergieauslösend, etwa das rote Amaranth (E 123), das gelbfärbende Tartrazin (E 102), oder das blaue Indigotin (E 132). Auch für harmlose Farbstoffe gilt: Sie dienen nur dazu, Lebensmittel zu schönen.

Aromen - Geschmack aus dem Labor

Eigentlich sollte der Geschmack eines Gerichts von den Zutaten kommen. In den meisten Fällen sorgen jedoch Aromen für den gewünschten Gaumenkitzel. Einige tausend solcher Geschmacksstoffe gibt es: Sie alle werden künstlich produziert. Sogenannte natürliche Aromen werden zwar aus natürlichen Stoffen hergestellt, jedoch oft nicht aus dem namengebenden Produkt selbst. Erdbeeraroma zum Beispiel gewinnt man aus gekochten Holzspänen. Bei den sogenannten naturidentischen Aromastoffen wird eine natürlich vorkommende, duftende Verbindung im Chemielabor synthetisch hergestellt. Mit den Düften, die ein reifer Pfirsich tatsächlich ausströmt, hat der Chemikalien-Mix Pfirsicharoma nichts zu tun. Künstlich nennt man ein Aroma, wenn es als Duftstoff in der Natur gar nicht vorkommt, etwa das Chinin aus Bitterlimonaden oder Äthylvanillin. Inzwischen gibt es sogar Aromen, die dafür sorgen, dass Aufgetautes aus der Mikrowelle wie frisch gebraten schmeckt.

Damit der Gaumen den künstlichen Geschmack auch kräftig wahrnimmt, gibt es Geschmacksverstärker. Der Berüchtigste ist Glutamat, das Salz der Glutaminsäure. Es kann in größeren Mengen und auf nüchternen Magen gegessen Übelkeit und Kopfweh verursachen. Fachleute nenen diese Wirkung "China-Restaurant-Syndrom", weil in der asiatischen Küche viel mit Glutamat gewürzt wird. Weil es den Appetit anregt, wird es auch in der Tiermast eingesetzt. Hefeextrakt oder Würze können Glutaminsäure als natürliche Verbindung enthalten. In diesem Fall muss der Stoff nicht deklariert werden. Einzelne Aromastoffe, etwa künstliches Vanillin, gelten als allergieauslösend. Über die meisten anderen ist mangels Forschung nichts bekannt.

Bedenklich ist auch die Entwertung des Geschmacks. Heute müssen Speisen für ein vergleichbares Geschmackserlebnis viel stärker gewürzt sein als noch vor zwanzig Jahren. Und bereits von Klein auf werden wir durch Geschmacksstoffe geprägt. Kein Wunder, wenn manches Kind von frischen Tomaten enttäuscht ist, weil sie nicht nach Ketschup schmecken.

Konservierungsstoffe - Haltbarkeit mit Nebenwirkung

Fertiggerichte müssen monatelang in Supermarktregalen und Vorratsschränken ausharren. Konservierungsstoffe und Antioxidantien sorgen dafür, dass die Zutaten nicht vergammeln. Manche der Substanzen können beim Menschen zu unerwünschten Nebenwirkungen führen. Als allergieauslösend bekannt sind Benzoesäure und ihre Salze (E 210 bis 213). Fälle von Unverträglichkeiten gibt es auch bei den PHB-Estern (E 214 bis 219) und bei BHA (E 320) und BHT (E 321), die Fette vor dem Ranzigwerden bewahren sollen. Bedenklich sind die verschiedenen Sulfite (E 220 bis 228). Sie können bei empfindlichen Personen Kopfschmerzen, Übelkeit oder Asthmaanfälle hervorrufen. Als Pestizide mit erheblichen Nebenwirkungen im Tierversuch bewertet die Zeitschrift Ökotest die Substanzen Biphenyl (E 230) und Thiabendazol (233). Sie werden eingesetzt um Südfrüchte vor Schimmel zu schützen. Auf Käserinden übernimmt oft Natamycin (E 235) diese Aufgabe, ein Wirkstoff, der sich ansonsten in Medikamenten gegen Maulfäule und Fußpilz findet. Problematische Konservierungsstoffe sind auch die Nitrite (E 249 und 250), mit denen Fleisch gepökelt wird und Natriumascorbat (E 301), ein Salz der an sich harmlosen Ascorbinsäure. Es fördert nach Angaben von Ökotest im Tierversuch Blasenkrebs und beeinträchtigt, in erhitzten Lebensmitteln, das Wachstum. Deklariert wird ebenfalls als Ascorbinsäure.

Nicht nur Chemikalien können Lebensmittel haltbar machen. Auch radioaktive Strahlung tötet Keime in Lebensmitteln ab. Die EU erlaubt die Bestrahlung bisher nur für Kräuter und Gewürze. Die gesundheitlichen Auswirkungen der atomaren Sterilisation sind umstritten. Deklariert werden muss das Produkt auch als "bestrahlt" oder "mit ionisierenden Strahlen behandelt", wenn nur eine Zutat bestrahlt wurde.

Enzyme - Helfer ohne Papiere

Etwa 10.000 Enzyme gibt es in der Natur. Sie bauen Nährstoffe ab oder Körperzellen auf und sorgen so dafür, dass unser Stoffwechsel funktioniert. Die Lebensmittelindustrie setzt immer mehr Enzyme als Hilfsmittel in der Produktion ein: Damit der Joghurt cremig wird und das Brötchen langsamer altert oder damit sich Oliven und Äpfel besser auspressen lassen. Im fertigen Lebensmittel dürfen sich diese Enzyme nur mehr in inaktivierter Form befinden. Doch auch dann können manche von ihnen Allergien auslösen. Der Anstieg von Asthma bei Bäckern in den letzten Jahren wird auf den verstärkten Einsatz von Enzymen wie Amylase in den Backmischungen zurückgeführt. Über das Risiko für die Verbraucher ist wenig bekannt. Untersuchungen gibt es kaum, weil für Enzyme in Lebensmitteln keine Zulassung erforderlich ist. Deklariert werden müssen sie ebenfalls nicht.

Weitere Zusätze - Kranke Knochen und hyperaktive Kinder als Folge?

Einer der wichtigsten Zusatzstoffe der Lebensmittelindustrie ist Zitronensäure (E 330). Sie dient als Säuerungsmittel und erhält bei Obstkonserven die Farbe. In Limonade ist sie für den frischen Geschmack verantwortlich - und möglicherweise für Schäden an den Zähnen. Eine Studie der Universität Köln stellte fest, dass die Säure, in größeren Mengen genossen, Calcium aus den Zähnen lösen kann. Erosionsschäden nennen Zahnärzte dieses Krankheitsbild, das vor allem bei jugendlichen Softdrink-Fans zunimmt. Auch die in Cola enthaltene Phosphorsäure (E 338) liebt Calcium und entzieht den Knochen die Substanz. Sie werden mürbe und brechen leicht. "Regelmäßiger Konsum von Cola führt zu schwachen Knochen bei Heranwachsenden", sagt der französiche Ernährungsexperte Jean-Paul Curtay. Eine US-Studie von 1998 an 127 Kindern bestätigt diesen Zusammenhang.

Die Salze der Phosphorsäure, die Phosphate (E 339 bis 342, 450, 540, 543 und 544), machen

Schmelzkäse cremig, Kartoffel-Chips haltbar und Brühwurst knackiger. Sie stehen im Verdacht, Hyperaktivität bei Kindern auszulösen. Calcium-Ortophosphat (E 341) ist laut Ökotest als Schädlingsbekämpungsmittel gegen Motten und Kornkäfer zugelassen. Die Zeitschrift stuft wegen möglicher Nebenwirkungen noch eine Reihe anderer Zusatzstoffe als bedenklich ein, darunter die Gallate (E 310 bis 312), die in manchen Tütensuppen und Würzen Farbe und Geschmack schützen. Die Liste lässt sich noch beliebig verlängern. Alle genannten Stoffe haben gemeinsam, dass sie trotz der bekannten Bedenken offiziell zugelassen sind.

Gentechnik - Zutaten von maßgeschneiderten Mikroben

Die vielen Zusatzstoffe in Lebensmitteln sind ein großes Einfallstor für die Gentechnik. Denn zahlreiche Enzyme und Aromen werden mit Hilfe gentechnisch manipulierter Bakterien hergestellt. Das gilt für die Amylase in Backmischungen und das Lab zur Käsegerinnung ebenso wie für die Vitamine C, B_2 oder B_{12}. Der Emulgator Lecithin kann aus Gen-Soja stammen und hinter der modifizierten Stärke oder dem Malzzucker steckt oft Gen-Mais als Zutat. Auch der Geschmacksverstärker Glutamat kommt zum Teil aus gentechnischer Produktion. Gekennzeichnet werden müssen diese Zutaten seit dem 1. April 2000, wenn sich der gentechnisch veränderte Organismus im Endprodukt nachweisen lässt. Das geht bei Lecithin, aber nicht bei all den Enzymen, Aromen und Zusatzstoffen, die von Gen-Mikroben produziert werden. Die einzige Garantie für gentechnikfreie Nahrung bieten deshalb Bioprodukte, da bei ihrer Herstellung der Einsatz von Gentechnik gesetzlich verboten ist.

Etiketten - das schweigende Kleingedruckte

Auf den Produkten muss stehen, was drin ist, glauben viele Verbraucher. Doch bei manchen Gerichten würde die Verpackung dafür kaum ausreichen und auch den Absatz würde eine genaue Deklaration nicht fördern. Deshalb dürfen Etiketten ganz offiziell verschweigen, ob und welche Enzyme ein Produkt enthält. Denn Zusätze, die wie die Enzyme nur der Herstellung dienen, müssen nicht genannt werden, selbst wenn sie im Produkt nachweisbar sind. Werden Geschmacksstoffe eingesetzt, genügt der Hinweis 'Aromen', Details haben den Verbraucher nicht zu interessieren. Sind die Aromen nur in einer Zutat vorhanden, etwa im Branntweinessig bei Essiggurken, müssen sie gar nicht aufgelistet werden. Waren genmanipulierte Organismen bei der Herstellung beteiligt, dürfen sie verschwiegen werden, solange keine Reste davon im Produkt nachweisbar sind. Verbraucher, die auf frische Ware von konventionellen Metzgern und Bäckern setzen, können keineswegs sicherer sein. Denn bei den Waren, die hier über die Theke gehen, werden in der Regel die eingesetzten Zusatzstoffe gar nicht deklariert.

DER MIKROWELLENHERD

Achtung gefährliche Strahlen?

Eine Mikrowelle in der Küche ist praktisch. Man nimmt ein Fertiggericht aus der Tiefkühltruhe oder die Reste vom Vortag aus dem Kühlschrank, stellt sie in das Gerät, schaltet ein und in wenigen Minuten steht ein leckeres Gericht auf den Tisch. Kein Wunder, dass inzwischen in der Hälfte aller Haushalte in Deutschland eine Mikrowelle steht. Doch die anscheinend unentbehrliche Küchenhilfe hat womöglich unerwünschte Nebenwirkungen. Ursache sind die Strahlen, die das Lebensmittel erhitzen, indem sie die Moleküle zum Schwingen bringen. Gleichzeitig können sie auch dessen Zellen unerwünscht beeinflussen. Zwar wollen amtliche Stellen wie das Bundesinstitut für gesundheitlichen Verbraucherschutz (BgVV) und auch die Deutsche Gesellschaft für Ernährung (DGE) von solchen nicht-thermischen Wirkungen nichts wissen. Sie schließen eine Gesundheitsgefährdungen durch

Mikrowellenkost aus. Doch es gibt auch andere Stimmen.
Experimente sowjetischer Wissenschaftler ergaben, dass die zur Erhitzung verwendeten Mikrowellenstrahlen Nahrungsbestandteile wie Eiweiße oder Glukoside unnatürlich zerfallen lassen. In Milch und Getreide entstanden durch die Bestrahlung neue krebserregende Verbindungen und in anderen pflanzlichen Produkten stieg die Zahl der freien Radikale. Diese Veränderungen in der Nahrung führten bei Probe-Essern zu Verdauungsbeschwerden, Funktionsstörungen im Lymphsystem und zu einer Zunahme der Krebszellen im Blutserum. Die UdSSR hatte deshalb 1976 Mikrowellengeräte kurzzeitig verboten. Bekannt gemacht hat diese Ergebnisse der Amerikaner William Kopp, der in den 70-er Jahren die Auswirkungen von Mikrowellen auf Menschen untersuchte. Er wies auch darauf hin, dass sich die sowjetischen Ergebnisse mit Erkenntnissen aus amerikanischen Tierversuchen decken.

Eine andere kritische Stimme kommt aus der Schweiz. Dort stieß der Biologe Hans U. Hertel von der Technischen Hochschule in Lausanne 1991 bei Versuchspersonen, die Mikrowellennahrung gegessen hatten, auf ein verändertes Blutbild. Veränderungen, "die das Anfangsstadium eines pathologischen Prozesses anzuzeigen scheinen, wie es sich bei der Auslösung eines Krebsgeschehens präsentiert", wie Hertel damals formulierte. Er wurde deshalb vom Fachverband Elektroapparate für Haushalt und Gewerbe Schweiz (FEA) verklagt und siegte erst vor kurzem vor dem Europäischen Gerichtshof. Seitdem darf Hertel ungestraft sagen: "Mikrowellen machen Krebs".

Die Hersteller und die große Mehrheit der Experten lehnt diese These ab, kritisieren Studien, die sie stützen, als methodisch mangelhaft. Sie halten die Mikrowelle für ungefährlich und verweisen darauf, dass nicht mehr Nährstoffe zerstört würden, als beim Kochen auf dem Herd. Biophotonenforscher Fritz-Albert Popp dagegen hat mit seinen Messmethoden festgestellt, dass die Qualität der Nahrungsmittel durch die Strahlung erheblich leidet. Er warnt davor, die Mikrowelle zum Auftauen zu benutzen oder Fleisch darin zu erhitzen. Bei Pflanzen hält er die Auswirkungen für nicht so dramatisch.

Auch wenn man diese vermuteten Wirkungen der Strahlen auf die Nahrungsmittel nicht teilt, hat die Mikrowelle Nachteile. Die extra hergestellten Fertiggerichte für die Mikrowelle sind voll von Zusatzstoffen und Aromen, über deren gesundheitliche Auswirkungen nur wenig bekannt ist. Diese Chemikalien sorgen zum Beispiel dafür, dass sich eine braune Kruste bildet oder das Gericht nach gebratenem Fleisch riecht, obwohl die Mikrowelle gar nicht braten kann. Auch Energie lässt sich mit dem strahlenden Heißmacher kaum sparen. Beim Aufwärmen verbraucht die Mikrowelle nur bei kleinen Portionen bis 500 Gramm weniger Strom als ein Elektroherd mit Keramikfeldern. Vergleicht man die Energie, die notwendig ist, ein Fertiggericht herzustellen, es tiefgefroren zu halten und in der Mikrowelle zu erhitzen mit derjenigen, die man braucht, um das gleiche Gericht aus frischen Zutaten zu kochen, gibt es bei Single-Mahlzeiten ein Unentschieden. Sobald für mehr als eine Person gekocht wird, fällt die Bilanz zugunsten des frisch zubereiteten Essens aus, ebenso, wenn man einen Gas-Herd benutzt.

In der Vollwertküche hat die Mikrowelle aus all diesen Gründen keinen Platz. Hier dient zum Erhitzen und Kochen weiterhin der Herd. Der läßt sich auch gut zum Aufwärmen benutzen. Man gibt die Reste mit etwas Fett in einen Topf oder eine Pfanne und lässt sie bei leichter Hitze aufkochen. Bei soßigen Gerichten genügt statt dem Fett etwas Wasser oder Milch. Umrühren nicht vergessen. Das alles ist eine Idee aufwendiger als mit der Mikrowelle, dafür handelt es sich um eine seit Jahrhunderten erprobte Technik.

SCHNELL UND DOCH VOLLWERTIG? SO GEHT´S!

Geschwindigkeit ist keine Hexerei. In 20 bis 30 Minuten lässt sich ein von A bis Z selbst gekochtes Gericht auf den Tisch bringen. Dabei muss man weder Zwiebeln so flink schneiden können wie ein Fernsehkoch, noch braucht man viele elektrische Küchenhilfen. Eine Allzweck-Küchenmaschine zum Raspeln und Mixen reicht völlig. Der wichtigste Trick dabei: Zutaten, die schnell gar sind. Getreide und Gemüse, die eine dreiviertel Stunde köcheln müssen bevor sie weich werden, taugen nicht für die schnelle Küche. Doch die Palette an schnellgarenden Zutaten ist groß. Noch abwechslungsreicher wird der Speiseplan mit etwas Organisation. Denn knapp ist die Zeit meist nur, wenn es ans Essen selbst geht. Nachmittags oder abends findet sich eher ein ruhiges Stündchen, um etwas vorzubereiten und sei es nur, Pellkartoffeln zu kochen. Die halten sich im Kühlschrank ein paar Tage und sind die Basis für einige leckere Pfannenschnellgerichte. Man kann auch Reis und andere Getreide während des Frühstücks vorkochen und sie dann zur Hauptmahlzeit weiterverarbeiten.

Bei den Zutaten und Gerichten auf den nächsten Seiten ist kein solches Vorausplanen notwendig. Sie sind übrigens rein vegetarisch. Fleisch ist in der Vollwertkost nicht verboten aber doch ein seltener Genuss. Wer dennoch nicht auf Fleisch verzichten will, kann zu den vorgestellten Gerichten auch ein Schnitzel braten oder dort, wo es passt, ein paar Schinkenstückchen mit dünsten. Am besten eignet sich dafür natürlich Bio-Fleisch aus artgerechter Haltung.

Körner für die schnelle Küche

Vollwertkost ohne Getreide ist undenkbar. Auch in der schnellen Vollwertküche gehören Körner und Samen zu den Hauptdarstellern. Es muss ja nicht Vollkornreis sein, der 30 bis 40 Minuten braucht, bis er weich ist. Kleine Körner sind viel schneller gar. Und geschrotet oder grob gemahlen als Grieß werden auch Mais und Weizen in wenigen Minuten weich. Aufkochen, ausquellen lassen und inzwischen das Gemüse schnippeln. Die Auswahl bei den Getreidesorten ist übrigens größer, als man so denkt. Im ökologischen Landbau wachsen sie ohne Pestizide und synthetische Dünger. Das schont die Umwelt und vermeidet Rückstände im Getreide.

Amaranth

Das "Gold der Azteken" ist eine der ältesten Nahrungspflanzen Mittel- und Südamerikas und botanisch gesehen gar kein echtes Getreide. Er gehört zur Familie der Fuchsschwänze, die sich bei uns als flammenrote Zierpflanzen in manchen Bauerngärten finden. Die Pflanze ist widerstandsfähig gegen Trockenheit, Hitze, rauhes Gebirgsklima und

deshalb für den Anbau in höheren Lagen etwa der Anden gut geeignet. Der Amaranth galt den Azteken als heilig, sie schrieben ihm magische Käfte zu. Nach der Eroberung Mittelamerikas durch die Spanier wurde er von diesen verboten und geriet in Vergessenheit. Erst in den letzten Jahren erlebte das Getreide eine Renaissance, angestoßen durch Naturkosthersteller. Denn die winzigen, runden, hellgelben Körner schmecken nicht nur angenehm nussig, sondern sind auch sehr gesund. Sie enthalten mit 18 Prozent wesentlich mehr Eiweiß als heimische Getreidesorten, darunter sind viele essentielle Aminosäuren wie das Lysin. Amaranth ist reich an den Vitaminen B_1 und B_2 und an Mineralstoffen. Bei Calcium, Magnesium und Eisen ist er Spitzenreiter unter den Getreiden, bei Kalium liegt er auf Platz 2. Auch ungesättigte Fettsäuren finden sich in größeren Mengen. Zudem sind die Körner glutenfrei. Deshalb eignen sie sich für Menschen, die an Zöliakie oder Sprue leiden, also allergisch auf den Eiweißstoff Gluten in Weizen, Roggen und anderen Getreidesorten reagieren.
An dem langen Fruchtstand der Amaranthpflanze wachsen etwa 500 winzige Körner, die zu unter-

schiedlichen Zeiten reifen. Die Ernte ist deshalb sehr aufwendig. Der Amaranth in Naturkostläden stammt aus den USA oder von Projekten in Mittel- und Südamerika. Auch rund um den Himalaya wird das Fuchsschwanzgewächs angebaut. Dort steht jedoch der Verzehr der Blätter als Gemüse im Vordergrund. Amaranth lässt sich zwar schroten und mahlen, in der Regel werden jedoch die ganzen Körner zubereitet. Dazu gießt man sie mit der dreifachen Menge Wasser auf, lässt sie aufkochen und dann eine Viertelstunde ausquellen.

Quinoa

“Kienwa” spricht sich diese Pflanze aus den Anden aus, die viel mit dem Amaranth gemeinsam hat. Sie ist sehr genügsam, für Hochlagen geeignet und stammt aus Südamerika, wo sie zu den Grundnahrungsmitteln der Inkas gehörte und ebenfalls verehrt wurde. Der Anbau wurde angeblich von den Spaniern verboten und die Pflanze geriet in Vergessenheit, bis sie Anfang der 80-er Jahre wieder entdeckt und erstmals in den USA angebaut wurde. Die runden hellgelben Körner sind nur wenig größer als beim Amaranth und reich an Eiweiß, ungesättigten Fettsäuren und Mineralstoffen, insbesondere Kalium, Magnesium, Eisen und Phosphor. Sie enthalten viel Vitamin E und Vitamine der B-Gruppe, aber kein Gluten und sind deshalb für Weizenallergiker geeignet. Für Botaniker: Quinoa ist wie Mangold oder Spinat ein Gänsefußgewächs und keine Getreideart.

Angebaut wird das “Korn der Inkas” heute in den Andenländern, aus denen die meisten deutschen Importe stammen, sowie in Mexico und den USA. Die Quinoa-Samen sind von einer Schicht umgeben, die Saponine enthält und bitter schmeckt. Sie wird zwar bei der Ernte entfernt, trotzdem empfiehlt es sich, die Körner vor dem Garen zu waschen um mögliche Reste zu entfernen. Danach gibt man die dreifache Menge an Wasser hinzu, lässt alles aufkochen und eine Viertelstunde ausquellen. Die Körner schmecken - wie Amaranth - leicht nussig.

Buchweizen

Noch ein Getreide das keines ist: Buchweizen ist ein Knöterichgewächs wie Sauerampfer oder Rhabarber. Seine Blätter gelten als wirkungsvolles Medikament bei Gefäßerkrankungen und Venenleiden. Doch auch die Samen haben es in sich, mit ihrem hohen Gehalt an lebenswichtigen Aminosäuren wie Lysin, das der Körper als Nervennahrung braucht oder Tryptophan, das für einen guten Schlaf sorgt. Dazu kommen in reichlichen Mengen Kalium, Eisen, Phosphor, Magnesium und Kieselsäure sowie die Vitamine B_1, B_2, B_6 und E.

Der Buchweizen stammt aus Zentralasien und kam im 14. Jahrhundert als "Tartarenkorn" nach Europa und von dort im 17. Jahrhundert nach Amerika. Die bis zu einem Meter hohe Pflanze hat weiße bis rosafarbene Blüten, die stark duften. Die dadurch angelockten Bienen machen aus dem Nektar einen sehr aromatischen Honig. Buchweizen ist genügsam und reagiert sogar ungünstig auf Düngung, mag jedoch weder Nässe noch Kälte. Schon zwölf Wochen nach der Aussaat trägt er kleine dreieckige Früchte, die an Bucheckern erinnern. Bei uns kommen sie ohne die dunkelbraune harte Schale in den Handel und sind dann beige-hellbraun. Buchweizen aus kontrolliert-biologischem Anbau kommt meist aus Kanada und USA. Beim Aufkochen schleimt Buchweizen stark. Deshalb sollte man ihn vorher waschen und nach dem Kochen nochmals durchspülen. Fünf Minuten Quellzeit genügen.

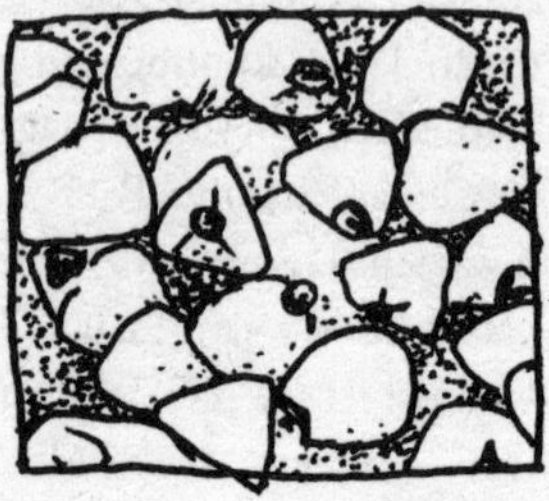

Hirse

Bei uns kennt man die kleinen goldgelben Kügelchen vor allem als Vogelfutter. Doch Hirse gilt als eines der ältesten Getreide der Welt und wurde schon im Darm von 6.000 Jahre alten ägyptischen Mumien gefunden. In weiten Teilen Asiens und Afrikas ist sie heute noch das wichtigste Grundnahrungsmittel. Es gibt dort zahlreiche Varianten, die statt der bekannten goldgelben auch rote und braune Körner liefern. Sie alle sind unempfindlich gegen Hitze und Trockenheit.. Hirse ist eines der an Fett und Eiweiß reichsten Getreide und enthält die Vitamine der B-Gruppe, sowie das Vitamin E. Bei den Mineralstoffen erreicht sie bei Eisen und bei der für den Körperaufbau wichtigen Kieselsäure Höchstwerte. Auch Magnesium, Phosphor und Fluor kommen reichlich vor. Weil sie glutenfrei ist, eignet sich Hirse gut für Weizenallergiker. Die Körner im Naturkostladen kommen übrigens meist aus den USA. Obwohl die Hirse die härtesten Körner aller Getreidesorten hat, muss man sie nach dem Aufkochen nur kurz ausquellen lassen.

Bulgur und Couscous

Bei diesen nordafrikanischen Spezialitäten handelt es sich nicht etwa um besondere Getreidesorten, sondern um bearbeiteten Weizen. Um Bulgur herzustellen wird der Weizen eingeweicht und bis zu drei Stunden in wenig Wasser gekocht. Anschließend wird er an der Luft getrocknet und grob zerkleinert. Couscous dagegen ist ein fein geschroteter Weizen, den man zuerst mit Wasser anfeuchtet und etwas quellen lässt. Sind die Kügelchen etwa so groß wie Schrotkugeln, werden sie über Wasserdampf in speziellen Töpfen gegart. Durch diese Vorbehandlung brauchen Bulgur und Couscous in der Küche nach dem Aufkochen nur noch 10 bzw. 5 Minuten zum Ausquellen. Bei der Herstellung bleiben die Nährstoffe des Weizens im Wesentlichen erhalten. Das sind vor allem Vitamin E und die Vitamine der B-Gruppe sowie Kalium, Phosphor und Magnesium.

Grieß, Grütze & Polenta

Die Garzeiten von Weizen, Dinkel oder Mais lassen sich auch zuhause drastisch verkürzen, wenn das Getreide vorher in die Mühle kommt. Ist das Mahlwerk sehr grob eingestellt, wird das Getreide geschrotet, es entsteht Grütze. Die Bruchstücke sind noch so groß, dass man den weißen Mehlkörper und die dunkleren Randschichten des Korns deutlich erkennt. Am bekanntesten sind Hafer-, Gersten- und Buchweizengrütze. Interessant für die schnelle Küche ist auch geschroteter Grünkern. Um ihn herzustellen, wird noch unreifer Dinkel - eine alte Weizenform - geerntet und über Buchenholzfeuer gedarrt. Durch seinen intensiven Geschmack eignet sich Grünkern gut für würzige Gerichte und Bratlinge. Manchmal kann man Grütze bereits abgepackt kaufen.

Wird das Mahlwerk feiner eingestellt, entsteht ein sehr grobes Mehl, der Grieß. Aufgekocht mit Milch wird daraus der von vielen Kindern heißgeliebte Grießbrei. Aber auch würzige Varianten sind möglich. Wird Mais statt Weizen vermahlen, erhält man Polenta, den in Italien so beliebten Maisbrei. Im Naturkostladen gibt es Weizen-, Dinkel-

und Maisgrieß fertig abgepackt zu kaufen. In manchen Fällen wird dabei Getreide eingesetzt, das gedarrt, also getrocknet wurde. Durch die Hitze wird bei diesem Prozess gleichzeitig die Stärke aufgeschlossen und der Grieß wird noch schneller gar. Beim Mahlen gehen einige Inhaltsstoffe verloren, so dass Grieß etwa 30 Prozent weniger Vitamine und Mineralstoffe enthält als das volle Korn. Wer großen Wert auf Vollwertigkeit legt, kann sich Getreide im Naturkostladen frisch schroten oder mahlen lassen.

Nudeln

Egal ob als Hörnchen, lange Spaghetti oder Buchstaben in der Suppe, Kinder lieben Nudeln. Das macht sie zu einer ganz wichtigen Zutat in der schnellen Küche für die Familie. Während das Wasser heiß wird und anschließend die Nudeln je nach Sorte 4 bis 10 Minuten kochen, kann man ein Gemüsegericht oder eine Soße zubereiten. Manchen genügt auch schon geriebener Käse und etwas Salat. Nudeln sind nichts anderes als ein in Stücke geschnittener und getrockneter Mehl-Wasser-Teig. Am Besten eignet sich dafür Hartweizen. Angeboten werden aber auch Nudeln aus gewöhnlichem Weizen, aus Dinkel oder Hirse. Manche enthalten zusätzlich Eier, damit sich der Teig besser verarbeiten lässt. Schon fast eine fertige Mahlzeit sind gefüllte Nudeln wie Ravioli oder Tortellini, die es im Naturkostladen gibt.

Damit von den wertvollen Inhaltsstoffen des Getreides möglichst wenig verloren geht, werden in der Vollwertküche auch die Nudeln aus Vollkornmehl gemacht. Sie schmecken dadurch herzhafter als herkömmliche Teigwaren, aber für manche auch ungewohnt. Einige Naturkosthersteller bieten deshalb als Kompromiss Nudeln aus teilausgemahlenem Mehl an, eine Art Vollkorn light. Erfunden haben die Teigwaren übrigens die Chinesen. Der Reisende Marco Polo brachte sie im Mittelalter nach Italien, das seither als Heimat der Pasta gilt.

Gemüse für die schnelle Küche

Wenig Kalorien und viele Nährstoffe - Gemüse ist ein elementarer Bestandteil unserer Ernährung und darf auch in einer vollwertigen schnellen Küche nicht fehlen. Zwar lassen sich im Dampftopf fast alle Gemüse in einer Viertelstunde weichkochen. Aber rechnet man das Putzen, Schälen und Schnippeln mit ein, geht es schon nicht mehr so schnell. Zur Not kann man sich die Vorbereitung sparen und zu Konserven greifen. Es gibt aber auch Gemüsesorten, die in wenigen Minuten gar sind und auch beim Putzen nicht viel Zeit brauchen. Der Dampftopf kann bei diesen Zutaten im Schrank bleiben.

Blattsalat

Salate spielen als Rohkost in der Vollwertküche eine wichtige Rolle. Und sie sind schnell zubereitet. Dabei muss es nicht immer Kopf- oder Endiviensalat sein. Gerade Naturkostläden bieten eine breite Auswahl an Blattsalaten. Die lassen sich mit Gurken, Tomaten, Paprika und Äpfeln oder mit Nüssen, Sprossen und Kräutern kombinieren. Der Phantasie sind hier keine Grenzen gesetzt, es sei denn, Vorratsschrank und Gemüsefach sind leer. Die meisten Zutaten lassen sich schnell putzen und klein schneiden, auch die Soße ist im Nu verrührt. Man kann sie aber auch in größeren Mengen machen und einige Tage im Kühlschrank aufheben. Meist sind Salate als Beilage gedacht. Mit Brot oder Pellkartoffeln ergeben sie aber auch eine vollwertige Hauptmahlzeit.

Bei den antiken Griechen galt der Ahnherr unseres Kopfsalates, der wilde Lattich, als Delikatesse und Götterspeise. Die klassische Essig-Öl-Sauce kreierten die Römer, aus ihrem Wort "salsa" wurde unser Salat. Kalorien sind in den knackigen Blättern kaum enthalten, dafür Mineralstoffe, vor allem Kalium, das mithilft, überflüssiges Wasser aus den Körperzellen zu schwemmen. Bei den Vitaminen sind die Gehalte an Vitamin A und K erwähnenswert.

Lauch

Das Liliengewächs stammt ursprünglich aus Vorderasien und gehört zu den ältesten Gemüsepflanzen. In Deutschland ist der Lauch seit gut 1000 Jahren bekannt. Er ist frostfest und deshalb bis tief in den Winter hinein frisch zu haben. Der weiße Schaft entsteht, weil die Pflanzen in schmale, bis zu 20cm tiefe Furchen gepflanzt und während des Wachstums nach und nach mit Erde zugedeckt werden. Die Wintersorten mit ihren dunkel- bis blaugrünen Blättern enthalten besonders viele aromatische Öle und sind deshalb schärfer als die hellgrünen Sommersorten. Beide enthalten viel Kalium, Calcium, Phosphor und Eisen sowie Vitamine der B-Gruppe und Vitamin C. Je nach Größe der Stücke braucht Lauch zum Dünsten fünf bis zehn Minuten. Salzen sollte man ihn erst nach dem Kochen, da er sonst zuviel Wasser zieht.

Tomaten

Der rote Farbstoff der Tomate, Lycopin, ist der neue Liebling der Ernährungsforscher. Er soll bestimmten Krebsarten vorbeugen und gilt als Paradebeispiel für die sogenannten sekundären Pflanzenstoffe. Das sind Substanzen, die in erster Linie für den Stoffwechsel der Pflanze von Bedeutung sind, sich aber auch auf den Menschen positiv auswirken. Zehntausende solcher Stoffe gibt es und über ihre Wirkungen ist noch wenig bekannt. Doch sie gelten als Ursache dafür, dass Obst und Gemüse so gesund sind.

Die Tomate stammt - wie die Kartoffel - aus Südamerika, wurde von den Spaniern nach Europa gebracht und hat sich hier einen Spitzenplatz erobert. 460.000 Tonnen werden jedes Jahr allein in Deutschland verzehrt. Sowohl im Geschmack als auch beim Gehalt an Nährstoffen liegen Freilandtomaten aus warmen Gebieten vor ihren Kollegen aus dem Gewächshaus. Sie enthalten eine Vielzahl an Vitaminen, Mineralstoffen, Fruchtsäuren und ätherischen Ölen.

Tomaten brauchen für die Zubereitung nur wenige Minuten, vorausgesetzt man verzichtet auf das in vielen Kochbüchern erwähnte Schälen. Es hat nur optische Gründe: Beim Kochen löst sich das Fleisch und die Haut schwimmt dann alleine in der Soße. Aufpassen muss man dagegen bei grünen Tomaten. Sie enthalten das Gift Solanin und sollten deshalb nicht verzehrt werden. Weil Tomaten beim Reifen das Gas Ethylen abgeben, sollte man sie abseits von anderen Gemüsen lagern. Die halten sonst nicht so lange.

Zucchini

Der "kleine Kürbis" - das heißt Zucchini auf italienisch - ist ein küchentechnischer Tausendsassa. Man kann die grüne Frucht mit ihrem zarten, weißlichen bis hellgelben Fleisch kochen, braten, dünsten, füllen, überbacken oder auch roh essen. Es gibt sie in allen Größen, die kleinen und mittleren Exemplare schmecken intensiver und eignen sich besser für die schnelle Küche, weil man sie nicht schälen und entkernen muss. Zucchinis sind, wie die meisten Gemüse, sehr kalorienarm und liefern viel Eisen, Kalium und Vitamin C. Saison für dieses Gemüse ist von Juni bis Oktober. Im Kühlschrank hält es sich bis zu zwei Wochen.

Auberginen

Ohne sie gäbe es keine griechische Moussaka und kein französisches Ratatouille. Doch bei uns kommt dieses wärmeliebende Gemüse eher selten in die Pfanne. Es stammt aus Ostasien und ist dort in vielen Farben und Formen im Angebot. In Deutschland bekommt man in der Regel die glänzend-dunkelviolette, längliche Variante. Der Gehalt an Vitaminen und Mineralstoffen ist im Vergleich zu anderen Gemüsesorten nicht groß. Dafür ist die Aubergine vielfältig einsetzbar. Sie wird geschmort, gegrillt, in Öl gedünstet oder gebakken. Auch zum Füllen ist sie gut geeignet. Kalte Tomaten- und Joghurtdips sind eine gute Ergänzung. Als Rohkost eignet sich das weiße Fleisch nicht. Die Zubereitung ist einfach, weil Auberginen nicht geschält werden müssen und die Kerne mitgegessen werden können. Wer den leicht bitteren Beigeschmack vermeiden will, kann auf die geschnittenen Scheiben etwas Salz streuen und sie kurz stehen lassen, bis der Saft austritt. Zudem nimmt das Gemüse dann beim Braten nicht so viel Fett auf.

Rote Linsen

Eigentlich sind Linsen - wie alle Hülsenfrüchte - extreme Langkocher, die man am Besten auch noch über Nacht einweicht. Doch es gibt eine Ausnahme: die rote Linse. Sie ist ohne vorheriges Wässern nach 10 Minuten Kochen gar und nach weiteren fünf Minuten breiig. Deshalb eignet sie sich gut für sämige Suppen oder als Brei zu Gemüse und Getreide. Linsen sind bei uns in den letzten Jahren aus der Mode gekommen. Zu unrecht, denn sie enthalten mehr Eiweiß als Fleisch und rund doppelt soviel wie Getreide. Dazu kommen viele B-Vitamine und Mineralstoffe wie Eisen, Kalium, Calcium, Magnesium und Phosphor sowie verschiedene Spurenelemente. Der Gehalt in den roten Linsen ist allerdings etwas geringer, weil sie bereits geschält sind. Ein kleines Problem sind - wie bei allen Hülsenfrüchten - die Tönchen, die so ein Böhnchen macht. Ursache für die blähende Wirkung sind Mehrfachzucker, sogenannte Oligosaccharide, die erst am Ende des Darms von den dort ansässigen Bakterien zu Kohlendioxid abgebaut werden. Kümmel, Fenchel oder Koriander, von Anfang an mit gekocht, können die Blähungen verringern.

Pilze

Viele Menschen kennen Champignons nur aus der Dose. Schade, denn frische Pilze sind aromatischer, gesünder und vielseitiger verwendbar. Auch das Putzen ist kein Problem. Es reicht, Reste von Erde mit einem feuchten Tuch abzuwischen. Waschen verdirbt nur den Geschmack. Man muss weder die Haut abziehen, noch alle braunen Stellen wegschneiden. Pilze kann man braten oder kochen, aber auch roh essen, etwa dünn gehobelt im Salat. Im Kühlschrank halten sich die kleinen Köpfe nur wenige Tage. Dies gilt auch für den Austernpilz mit seinem fächerförmigen gewellten Hut, der im Regal immer öfter neben dem Champignon zu finden ist. Er wächst in traubenförmigen Kolonien übereinander und wird auch oft so angeboten.

Pilze sind kalorienarm und reich an Eisen, Selen oder den Vitaminen D und K. Als sehr gesundheitsfördernd gilt der japanische Shitake-Pilz, der bei uns aber nur selten frisch zu finden ist.

Champignons und Austernpilze stammen aus der Zucht. Sie wachsen auf Kompost, Stroh oder anderen Substraten. Über giftige Pilze oder eine Belastung mit Schwermetallen und Radioaktivität, wie sie bei wild gesammelten Pilzen vorkommen kann, muss man sich hier keine Gedanken machen. Pilze aus Bio-Zucht haben Vorteile: Das Substrat stammt komplett aus ökologischem Anbau. Auf chemische Desinfektionsmittel, die beim konventionellen Handel üblich sind, wird verzichtet.

Schnelles aus der Pfanne

Ist die Lust auf Getreide und Gemüse einmal nicht so groß oder verlangt die Psyche nach einer großen Portion "Heiß und fettig", dann schlägt die Stunde für Tofu oder Eier. Mit jeder der beiden Zutaten lassen sich schnell abwechslungsreiche Pfannengerichte zubereiten. Tofu wird dabei von vielen Vollwertköchen als Ersatz für Fleisch eingesetzt. Man kann ihn zum Beispiel wie ein kleines Steak in der Pfanne braten und mit abgebräunten Zwiebeln auf einer Scheibe Toast servieren. Oder man schneidet ihn in Stücke und macht Geschnetzeltes. Auch als Beilage in einem Eintopf oder als Pastetenfüllung macht sich Tofu gut. Und aus Eiern kann man schnell ein Hauptgericht zaubern. Rührei mit Toastbrot gilt bei Koch-Muffeln als Standardgericht. Doch mit Eiern kann man noch mehr anfangen.

Tofu

Im Naturkostladen erfreut sich Tofu, der Sojabohnenquark, wachsender Beliebtheit. Denn Sojabohnen enthalten mehr Eiweiß als andere Hülsenfrüchte und zudem finden sich darin alle acht lebenswichtigen Aminosäuren. Die Bohnen liefern auch Calcium, Magnesium und Eisen sowie Vitamine der B-Gruppe und Vitamin E. Dazu kommt bemerkenswert viel Linolsäure, eine der wichtigsten mehrfach ungesättigten Fettsäuren, die der Organismus nicht selbst aufbauen kann. Neue Studien berichten, daß die in Sojabohnen reichlich vorhandenen Isoflavone bei Herzerkrankungen helfen und eine vorbeugende Wirkung gegen Brust-, Prostata- und Darmkrebs haben.

Um Tofu herzustellen werden die Bohnen eingeweicht, püriert und mit Wasser aufgekocht. Dieser Sojamilch wird ein Gerinnungsmittel zugesetzt, das Sojaeiweiß flockt aus, wird in Kästen gefüllt und gepresst. Fertig ist der Tofu. Der Geschmack von reinem, weißen Sojaquark ist völlig neutral. Deshalb wird die cholesterinfreie Eiweißbombe in vielen gewürzten oder geräucherten Variationen angeboten. Tofu aus dem Naturkostladen ist garantiert nicht aus Gen-Soja hergestellt. Die EU-weit geltende Bioverordnung verbietet den Biobauern den Einsatz der Gentechnik. Sowohl die Anbauverbände als auch vom Staat bestimmte Firmen kontrollieren, dass dies auch eingehalten wird.

Eier

Spiegel- und Rühreier sind aus der schnellen Küche nicht weg zu denken. Man kann sie als Hauptgericht servieren oder als Beilage, etwa zu Pellkartoffeln. Doch Eier sind noch vielfältiger. Verquirlt zu angebratenen Zwiebeln und Pilzen in die Pfanne gegeben und serviert mit einer Scheibe Toastbrot sind sie ein leckerer Imbiß. Aus Eiern und vorgekochten Kartoffeln lässt sich schnell ein sättigendes Omelett machen. Und vermischt mit Mehl, Milch und Wasser entsteht der Teig für Pfannkuchen. Der müsste zwar im Prinzip eine halbe Stunde ruhen, damit die Pfannkuchen schön flauschig werden. Doch wenn es pressiert, kann man auch darauf verzichten.

Wichtig ist die Herkunft der Eier. Immer noch kommt der Großteil von ihnen aus Käfighaltungen, in denen die Legehennen unter grausamen Umständen dahin vegetieren. Zwar kosten sie wenig, doch der niedrige Preis ist mit dem Leid der Tiere verbunden. Bio-Eier stammen von Hühnern, die artgerecht mit genügend Auslauf gehalten werden. Ihr Futter stammt aus ökologischem Anbau. Fischöl oder Gen-Soja kommen nicht in die Futterschale. Verboten ist auch die Fütterung der Tiere mit Medikamenten, wie sie bei konventionellen Herstellern üblich ist. Diese versuchen so, den Ausbruch von Krankheiten in den überfüllten Ställen zu verhindern. Bei Bio-Hühnern dürfen herkömmliche Arzneimittel nur eingesetzt werden, wenn die Tiere tatsächlich krank sind und pflanzliche oder homöopathische Mittel nicht helfen.

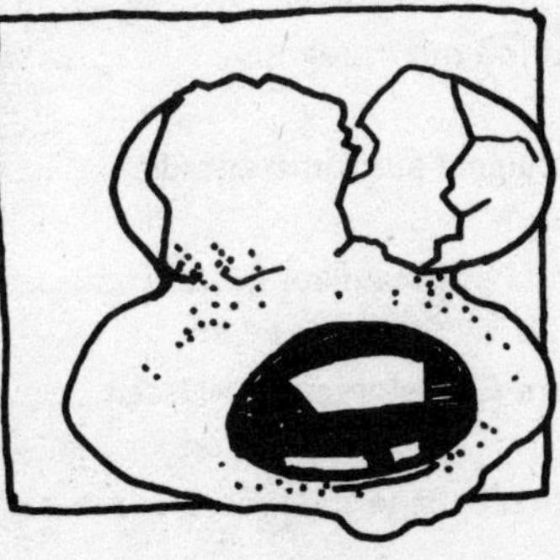

Vollwertig – aber schnell

Warmer Nudelsalat mit Blumenkohl

Für 3 Personen

1 l Salzwasser

125 g Hirsenudeln

300 g Blumenkohl

200 ml Wasser

1 TL Kräutersalz

50 g Rettichsprossen

2 EL Sonnenblumenöl

Saft einer unbehandelten Zitrone

4 EL Sojasauce

frischer Pfeffer aus der Mühle

Das Salzwasser zum Kochen bringen und die Nudeln darin bei mittlerer Hitze bissfest garen. In der Zwischenzeit den Blumenkohl in kleine Röschen brechen und waschen. Das Wasser zum Kochen bringen, das Kräutersalz hineingeben und den Blumenkohl darin circa 5 Minuten dünsten, so dass er noch fast roh ist. Die Rettichsprossen auf ein Sieb geben, abspülen und gut abtropfen lassen.

Für das Dressing das Sonnenblumenöl mit dem Zitronensaft, der Sojasauce und dem Pfeffer kräftig verrühren. Die Nudeln auf ein Sieb geben und mit kaltem Wasser abschrecken. Anschließend in eine Schüssel geben, mit den Blumenkohlröschen und den Rettichsprossen vermengen und die Salatsauce darüber gießen. Noch lauwarm servieren.

Zubereitungszeit: ca. 25 Min.

Champignon-Sprossensalat mit Avocadodressing auf Vollkorntoast

Für 4 Personen

150 g Keimlinge (z.B. Mungobohnen-, Weizen-, Radieschen-, Rettich- oder Sonnenblumenkeimlinge)

300 g Champignons

Avocadodressing

1 Avocado

200 ml Wasser

1 EL Sonnenblumenöl

Saft einer unbehandelten Zitrone

Kräutersalz

frischer Pfeffer aus der Mühle

Muskatblüte

4 Scheiben Vollkorntoast

Die Keimlinge auf ein Sieb geben, gut durchwaschen und abtropfen lassen. Die Pilze mit einem Tuch vorsichtig abreiben und je nach Größe halbieren oder vierteln.

Avocadodressing

Die Avocado halbieren, den Kern entfernen und das Fruchtfleisch mit einem Löffel aus der Schale heben. Dann das Fruchtfleisch zusammen mit dem Wasser, dem Sonnenblumenöl und dem Zitronensaft in einen Mixer geben oder mit einem Stabmixer pürieren. Das Dressing mit Kräutersalz, Pfeffer und Muskatblüte kräftig abschmecken. Die Keimlinge mit den Steinpilzen in einer Schüssel mischen, die Salatsauce darübergeben und den Salat gut durchmengen. Den Salat anschließend etwa 10 Minuten ziehen lassen und auf Vollkorntoast angerichtet servieren.

Zubereitungszeit: ca. 20 Min.

Fruchtiger Friséesalat mit Tofu

Für 2 Personen

250 g geräucherter Tofu
2 EL Olivenöl
2 EL ungeschälte Sesamsamen
1 EL Sojasauce
Kräutersalz
frischer Pfeffer aus der Mühle
200 g Friséesalat
1 reife Mango
2 EL Crème fraîche
Saft einer unbehandelten Zitrone
1 Msp. Currypulver

Dressing

3 EL Sojaöl
1 TL Agavendicksaft (oder Akazienhonig)

Den Räuchertofu in Würfel schneiden. Das Öl in einer Pfanne erhitzen und die Würfel darin bei mittlerer Hitze etwa 3 Minuten goldbraun braten. Dann die Sesamsamen hinzugeben, kurz mit an-

rösten und mit der Sojasauce ablöschen. Den Tofu salzen, pfeffern und aus der Pfanne nehmen.
Den Friséesalat putzen, zerpflücken, waschen und in einer Salatschleuder trockenschleudern. Die Mango schälen und das Fruchtfleisch rund um den Kern abschneiden. Etwa ein Drittel des Fruchtfleisches pürieren, den Rest in mundgerechte Stücke schneiden. Die Crème fraîche unter das Mangopüree mischen, einen Esslöffel Zitronensaft hinzugeben und das Püree mit Kräutersalz, Pfeffer und Curry würzen. Die Mangostücke zusammen mit dem Salat in einer Schüssel mischen.

Dressing

Den restlichen Zitronensaft mit dem Sojaöl, dem Agavendicksaft, Salz und Pfeffer verrühren und über den Friséesalat geben. Den Salat portionsweise auf Tellern verteilen und die Tofuwürfel darüberstreuen. Jeweils einen Klecks Mangopüree auf den Salat geben und diesen servieren.

Zubereitungszeit: ca. 25 Min.

Haferschrot mit Früchten

Für 4 Personen

150 g Naturjoghurt

6 EL Milch (oder Haferdrink)

100 g Haferschrot

2 EL Rosinen oder Sultaninen

100 ml süße Sahne

2 Bananen

1 große Birne

2 Pfirsiche

4 EL Mandelsplitter

Den Naturjoghurt zusammen mit der Milch in einer Schüssel mischen und das Haferschrot sowie die Rosinen oder Sultaninen darin etwa 15 Minuten einweichen. In der Zwischenzeit die Sahne steif schlagen, die Bananen mit einer Gabel zerdrücken und unter die Sahne mischen. Die Birne und die Pfirsiche waschen, das Obst entkernen und in mundgerechte Stücke zerteilen. Dann die Sahne sowie das Obst unter den Haferbrei ziehen, portionsweise auf Tellern verteilen, mit den Mandelsplittern bestreuen und servieren.

Zubereitungszeit: ca. 20 Min.

Dinkelgrieß mit Apfelmus

Für 2 Personen

500 ml Reisdrink
2 EL Mandelmus
6 EL Dinkelgrieß
2 Bananen
ca. 300 g ungesüßtes Apfelmus

Den Reisdrink aufkochen lassen und das Mandelmus so lange unterrühren, bis es sich vollständig aufgelöst hat. Dann den Dinkelgrieß nach und nach einstreuen und gleichzeitig mit einem Schneebesen unterrühren. Nicht den Grieß auf einmal in die Flüssigkeit schütten, sonst gibt es gleich Klumpen. Den Grießbrei unter Rühren aufkochen lassen, den Topf vom Herd nehmen und den Brei etwa 5 Minuten ausquellen lassen.

In der Zwischenzeit die Bananen schälen und auf zwei tiefe Teller verteilen. Beide Bananen mit einer Gabel zerquetschen. Dann den Dinkelbrei darauf verteilen und die Banane darunter mischen. Das Apfelmus auf den Brei geben und diesen noch warm servieren.

Zubereitungszeit: ca. 10 Min.

Polentakugeln auf Tomatensauce

Ergibt ca. 15 Stück

250 ml Wasser

1 TL Kräutersalz

150 g Polenta (Maisgrieß)

250 ml passierte Tomaten

1 EL Tomatenketchup

1 EL Tomatenmark

frischer Pfeffer aus der Mühle

Meersalz

Oregano

Thymian

ca. 20 entsteinte Oliven

100 g Schafkäse

Das Wasser mit dem Kräutersalz zum Kochen bringen, die Hitze reduzieren und die Polenta mit einem Schneebesen einrühren. Den Maisgrieß unter Rühren etwa 2 Minuten quellen lassen. Danach den Topf vom Herd nehmen und die Polenta noch etwa 10 Minuten ausquellen lassen.

In der Zwischenzeit die passierten Tomaten in einem Topf erwärmen und sowohl Ketchup als auch

Tomatenmark unterrühren. Die Tomatensauce mit Pfeffer, Meersalz, Oregano und Thymian würzen und bei stärkerer Hitze etwa 5 Minuten köcheln lassen.

Die Oliven in kleine Stücke schneiden und den Schafkäse mit einer Gabel zerquetschen. Anschließend die Olivenstücke und den Schafkäse unter die Polenta mischen und die Masse mit Pfeffer und Salz pikant abschmecken. Die Tomatensauce auf Tellern verteilen, mit einem Esslöffel oder Eisportionierer Kugeln von der Polentamasse abstechen und diese dekorativ auf der Sauce anrichten.

Zubereitungszeit: ca. 20 Min.

Polenta-Gemüseauflauf

Für 2 Personen

400 ml Wasser

1 TL Kräutersalz

100 g Polenta

1 Zucchini

1 kleine Aubergine

2-4 EL Olivenöl

1 EL Butter

100 g geriebener Greyerzer-Käse

1 EL fein gehackter oder getrockneter Rosmarin

100 g Crème fraîche

Das Wasser mit dem Kräutersalz zum Kochen bringen und die Polenta langsam mit einem Schneebesen einrühren. Das Getreide nun unter ständigem Rühren aufkochen lassen, vom Herd nehmen und etwa 10 Minuten zugedeckt ausquellen lassen.

Zwischenzeitlich die Zucchini sowie die Aubergine putzen und waschen. Die Zucchini danach in dünne Scheiben schneiden, die Aubergine in etwas dickere. Das Olivenöl in einer Pfanne erhitzen, die Auberginenscheiben hineingeben und von beiden Seiten kurz braten. Anschließend das überschüssige Fett von den Auberginenscheiben auf Küchenkrepp abtropfen lassen.

Wenn die Polenta fertig ist, die Butter und die Hälfte des Käses unterrühren und die Masse mit Kräutersalz sowie Rosmarin pikant abschmecken. Eine feuerfeste Form mit Butter auspinseln und die Polentamasse hineingeben. Dann die Zucchini- sowie die Auberginenscheiben fächerförmig darauf anrichten. Das Gemüse mit der Crème fraîche bestreichen und mit dem restlichen Käse bestreuen. Den Auflauf im vorgeheizten Backofen bei 200°C (Heißluft 180°C) etwa 10 Minuten überbacken.

Zubereitungszeit: ca. 25 Min.

Fruchtige Curryhirse mit Nüssen

Für 3 Personen

125 g Hirse

300 ml Wasser

1 TL Kräutersalz

1/2 TL Kurkuma

1/2 TL Currypulver

1 Zwiebel

2 Äpfel

1 EL Butter oder Margarine

100 g Cashewnüsse

frischer Pfeffer aus der Mühle

Die Hirse auf ein Haarsieb geben und unter heißem Wasser gut abspülen. Das Wasser mit dem Kräutersalz zum Kochen bringen und die Hirse zusammen mit dem Kurkuma und dem Currypulver kurz aufkochen lassen. Das Getreide nun zugedeckt bei mittlerer Hitze etwa 15 Minuten ausquellen lassen.

Zwischenzeitlich die Zwiebel schälen und fein würfeln sowie die Äpfel waschen, entkernen und ebenfalls in Würfel schneiden. Das Fett in einem

Topf schmelzen und die Zwiebel sowie die Apfelwürfel darin leicht andünsten. Die Cashewnüsse unterrühren und die fruchtige Masse zu der gegarten Hirse hinzugeben. Die Curryhirse mit Kräutersalz und Pfeffer pikant abschmecken und warm servieren.

Zubereitungszeit: ca. 20 Min.

Süße Hirsebanane

Für 2 Personen

200 g Hirse
400 ml Milch (auch Soja- oder Reisdrink)
2 EL Agavendicksaft (oder Akazienhonig)
1 TL Zimt
2 Bananen
2 EL Mandelblättchen

Die Hirse auf ein Haarsieb geben und mit heißem Wasser gut abwaschen. Die Milch oder den Soja- beziehungsweise Reisdrink aufkochen lassen, Agavendicksaft, Zimt und Hirse einrühren und das Getreide zugedeckt bei mittlerer Hitze etwa 10 Minuten köcheln lassen. Die Bananen der Länge nach halbieren, in Scheiben schneiden und unter die Hirse mischen. Die Mandelblättchen in einer Pfanne ohne Fett bei mittlerer Hitze kurz anrösten und über die Hirse streuen.

Zubereitungszeit: ca. 20 Min.

Gurkensuppe

Für 2 Personen

1 Salatgurke

1 Zwiebel

1 EL Butter oder Margarine

500 ml Wasser

100 ml süße Sahne

Kräutersalz

frischer Pfeffer aus der Mühle

1/2 Bund gehackter Dill

Die Salatgurke schälen, der Länge nach vierteln und mit einem Messer die Kerne herausschneiden. Die Gurke anschließend in etwa 1 cm breite Stücke zerteilen. Die Zwiebel schälen und in feine Würfel schneiden. Die Butter oder Margarine in einem Topf schmelzen und die Zwiebelwürfel darin glasig werden lassen. Dann die Gurkenstücke hinzugeben, kurz anschmoren und mit dem Wasser ablöschen. Die Suppe zugedeckt bei mittlerer Hitze etwa 10 Minuten köcheln lassen. Anschließend das Gemüse mit einem Pürierstab oder im Mixer pürieren und die Sahne angießen. Die Suppe aufkochen lassen und mit Kräutersalz und Pfeffer abschmecken. Den Dill waschen und klein schneiden. Die Suppe portionsweise auf Teller verteilen und mit dem Dill garniert servieren.

Zubereitungszeit: ca. 25 Min.

Zucchini-Möhren-Omelett

Für 2 Personen

300 g Möhren
200 g Zucchini
1 Bund Petersilie
2 Knoblauchzehen
50 g geriebener Gouda
4 Eier
Kräutersalz
frischer Pfeffer aus der Mühle
2 EL Olivenöl

Die Möhren mit einem Sparschäler dünn abschälen und auf einer Küchenreibe mittelgrob raspeln. Die Zucchini putzen, waschen und in sehr kleine Würfel schneiden. Die Petersilie waschen, trocknen und klein hacken. Die Knoblauchzehen schälen und durch eine Presse drücken. Dann die Möhrenraspel mit den Zucchiniwürfelchen, der Petersilie, dem Knoblauch, dem Käse, den Eiern, dem Salz und dem Pfeffer mischen. Die Hälfte des Fettes in einer Pfanne erhitzen und das Gemüseomelett bei mittlerer Hitze circa 8 Minuten stocken lassen. Nacheinander zwei Omeletts ausbacken oder mit zwei Pfannen gleichzeitig arbeiten.

Zubereitungszeit: ca. 25 Min.

Gemüsetoast

Für 4 Personen

2 kleine Zwiebeln
1 rote Paprikaschote
1 gelbe Paprikaschote
1 kleine Zucchini
250 g Mozzarella
Kräutersalz
1 Prise Cayennepfeffer
$^1/_2$ TL scharfes Paprikapulver
8 Scheiben Vollkorntoast
2 EL Butter

Den Backofen auf 220°C (Heißluft 180°C) vorheizen. Die Zwiebeln schälen und fein würfeln. Die Paprikaschoten sowie die Zucchini putzen, waschen und ebenfalls in kleine Würfel schneiden. Den Mozzarella in dünne Scheiben schneiden. Nun die Zwiebel-, Paprika- und Zucchiniwürfel in einer Schüssel mischen. Die Gemüsemasse anschließend mit Kräutersalz, Cayennepfeffer und Paprikapulver würzen.

Die Toastscheiben mit der Butter bestreichen, die Gemüsemischung darauf verteilen und den Mozzarella darauf legen. Die Brote im Ofen auf der obersten Backschiene oder unter dem Grill etwa 7 Minuten überbacken, bis der Käse geschmolzen ist.

Zubereitungszeit: ca. 20 Min.

Rote Linsen-Salat

Für 4 Personen

250 g rote Linsen

500 ml Wasser

2 EL Olivenöl

4 EL Balsamico-Essig

frischer Pfeffer aus der Mühle

Kräutersalz

1 kleine Porreestange

2 Tomaten

1 Bund Petersilie

Die Linsen in eine Schüssel geben und mit heißem Wasser waschen. Dabei eventuelle Steinchen entfernen. Das Wasser zum Kochen bringen, die Linsen hineingeben und diese 10 Minuten garen. Anschließend die Linsen auf ein Sieb geben und mit kaltem Wasser abschrecken. Danach gut abtropfen lassen.

In der Zwischenzeit das Öl mit dem Balsamico-Essig verrühren und mit Pfeffer sowie Kräutersalz abschmecken. Die Porreestange putzen, der Länge nach aufschneiden und unter fließendem Wasser den groben Dreck entfernen. Anschließend die Stange in feine Scheiben schneiden und erneut gut durchwaschen. Die Tomaten von den Stielansätzen befreien und achteln. Die Petersilie waschen und fein hacken. Den Porree, die Tomaten sowie die Petersilie in einer Schüssel mischen und die Linsen hinzugeben. Die Salatsauce darüber gießen und den Salat vorsichtig durchmengen.

Zubereitungszeit: ca. 20 Min.

Chinakohl mit Bulgur in Senfsauce

Für 2 Personen

100 g Bulgur

250 ml Wasser

½ TL Meersalz

1 kleiner Chinakohl

2 EL Butter oder Margarine

Kräutersalz

Senfsauce

150 ml süße Sahne

2 EL Reismehl

2 TL mittelscharfer Senf

Den Bulgur auf ein Haarsieb geben und mit warmem Wasser abspülen. Das Wasser mit dem Salz zum Kochen bringen, den Bulgur hineingeben und diesen bei mittlerer Hitze zugedeckt etwa 10 Minuten ausquellen lassen.

Vom Chinakohl die äußeren Blätter entfernen und den Kohl der Länge nach halbieren. Den Strunk keilförmig so herausschneiden, dass der Chinakohl möglichst nicht auseinander fällt. Die Butter oder Margarine in einem breiten, flachen Topf erhitzen und die beiden Chinakohlhälften darin kurz anbraten. Anschließend mit 300 ml Wasser ablöschen, aufkochen lassen, die Hitze reduzieren und den Chinakohl salzen und etwa 5 Minuten bissfest dünsten. Danach die Chinakohlbrühe abgießen und für die Sauce auffangen. Den Chinakohl in dem Topf bei ausgeschalteter Herdplatte warm halten.

Senfsauce

Die Sahne mit dem Reismehl in einem Topf verrühren und aufkochen lassen. Dann etwa 150 ml der Chinakohlbrühe angießen, den Senf hinzugeben und die Sauce aufkochen lassen. Die Sauce mit Kräutersalz abschmecken.

Das Getreide portionsweise auf Teller verteilen. Den Chinakohl dazulegen, mit der Senfsauce übergießen und servieren.

Zubereitungszeit: ca. 25 Min.

Zucchiniauflauf mit Schafkäsekruste

Für 2 Personen

2 mittelgroße Zucchini
200 ml Wasser
2 Fleischtomaten
6 mittelgroße Pellkartoffeln vom Vortag
frischer Pfeffer aus der Mühle
Kräutersalz
250 g Crème fraîche
1 EL fein gemahlenes Dinkelmehl
1 TL Sojasauce
150 g Schafkäse

Die Zucchini putzen, waschen und in etwa 0,5 cm dicke Scheiben schneiden. Das Wasser zum Kochen bringen und die Zucchinischeiben darin etwa 5 Minuten bei mittlerer Hitze bissfest garen. Die Fleischtomaten von den Stielansätzen befreien und in Scheiben schneiden. Die Kartoffeln in Scheiben schneiden, in eine feuerfeste Form schichten und die Tomatenscheiben fächerförmig darauf legen. Diese mit Pfeffer und Salz bestreuen. Dann die Zucchinischeiben auf dem Auflauf verteilen.

Die Crème fraîche mit Mehl, Kräutersalz, Pfeffer und Sojasauce verrühren und über den Auflauf gießen. Den Schafkäse mit einer Gabel grob zerdrükken und auf dem Auflauf verteilen. Diesen anschließend bei 200°C (Heißluft 180°C) im vorgeheizten Backofen etwa 10 bis 15 Minuten überbacken, bis der Schafkäse leicht gebräunt ist.

Zubereitungszeit: ca. 25 Min.

Auberginengemüse mit Tofu und kalter Joghurtsauce

Für 2 Personen

1 große Aubergine

3 EL Olivenöl

100 ml Wasser

Kräutersalz

Oregano

1 Zwiebel

200 g Naturtofu

Sojasauce

frischer Pfeffer aus der Mühle

150 g Naturjoghurt

100 g Crème fraîche

1 Knoblauchzehe

4 EL gemischte frische Kräuter (z.B. Petersilie, Schnittlauch, Thymian)

Die Aubergine putzen, waschen und in mundgerechte Stücke schneiden. Die Hälfte des Olivenöles in einem Topf erhitzen und die Auberginenstücke darin kurz anbraten, die Hitze reduzieren und mit Wasser ablöschen. Das Gemüse salzen, mit

Oregano würzen und bei mittlerer Hitze etwa 8 Minuten gar dünsten.

Die Zwiebel schälen und fein würfeln. Anschließend das restliche Öl in einer Pfanne heiß werden lassen und die Zwiebelwürfel darin glasig werden lassen. Den Tofu mit einer Gabel zerbröseln, in die Pfanne geben und kurz anbraten. Mit Kräutersalz, Sojasauce und Pfeffer würzen.

Den Joghurt mit der Crème fraîche verrühren. Die Knoblauchzehe schälen, durch eine Presse drücken und zu dem Joghurt geben. Anschließend die Sauce mit Kräutern, Pfeffer und Salz kräftig abschmecken. Das Auberginengemüse portionsweise auf Tellern verteilen, den Tofu daneben anrichten und die kalte Joghurtsauce dazu reichen.

Zubereitungszeit: ca. 20 Min.

Quinoa mit Zwiebel-Lauchgemüse

Für 2 Personen

100 g Quinoa
400 ml Wasser
50 g geriebener Parmesan
Kräutersalz
frischer Pfeffer aus der Mühle
1 dicke Gemüsezwiebel
1 große oder 2 kleine Lauchstangen
100 g Crème fraîche
frisch geriebene Muskatnuss
50 g Sonnenblumenkerne

Den Quinoa auf ein Haarsieb geben und mit heißem Wasser gut abspülen. Die Hälfte des Wassers zum Kochen bringen und den Quinoa hineingeben. Das Getreide anschließend zugedeckt bei mittlerer Hitze in circa 10 Minuten garen. Danach den Topf vom Herd nehmen, den Parmesan unter das Getreide rühren und dieses mit Kräutersalz und Pfeffer pikant abschmecken.

In der Zwischenzeit die Gemüsezwiebel schälen, waschen und in grobe Stücke zerteilen. Die

Lauchstangen putzen, auf einer Seite einschneiden und unter fließendem Wasser den groben Dreck entfernen. Danach den Lauch in etwa 1 cm breite Stücke zerteilen und erneut gut durchwaschen. Etwas Wasser erhitzen und die Zwiebelstücke darin bei mittlerer Hitze etwa 5 Minuten dünsten. Dann erst die Lauchstücke hinzugeben und das Gemüse weitere 5 Minuten garen. Die Crème fraîche an das Gemüse geben und dieses mit Salz, Pfeffer und Muskatnuss würzen. Die Sonnenblumenkerne in einer Pfanne ohne Fettzugabe kurz anrösten bis sie goldbraun sind.

Den Quinoa portionsweise auf Teller verteilen, das Zwiebel-Lauchgemüse daneben anrichten und das Gericht mit den Sonnenblumenkernen garniert servieren.

Zubereitungszeit: ca. 20 Min.

Buchweizen-Pfannküchlein

Ergibt 6-8 Stück

Pfannkuchenteig

80 g fein gemahlenes Buchweizen-Vollkornmehl

3 Eigelb

1 Prise Salz

125 ml Milch

1 EL Agavendicksaft

1 EL flüssige Butter

3 Eiweiß

2-4 EL Kokosfett zum Ausbacken

Obst-Quark

500 g Obst der Saison (z.B. Erdbeeren, Aprikosen...)

250 g Quark

2 EL Ahornsirup

Pfannkuchenteig

Das Buchweizenmehl zusammen mit den Eigelben, dem Salz, der Milch und dem Süßungsmittel in eine Schüssel geben und mit den Quirlen des Handrührgerätes zu einem glatten Teig verrühren. Anschließend die flüssige Butter hinzufügen und den Teig etwa 10 Minuten quellen lassen. Danach die Eiweiße steif schlagen und vorsichtig mit einem Schneebesen unter die Teigmasse heben.

Obst-Quark

In der Zwischenzeit das Obst putzen, waschen und klein schneiden. Dann die Hälfte des Obstes mit einem Pürierstab oder im Mixer pürieren. Den Quark mit dem Ahornsirup sowie dem Fruchtpüree verrühren und die Obststücke darunterheben.

Das Fett in einer großen Pfanne schmelzen und bei mittlerer Hitze etwa 6 bis 8 kleine Pfannküchlein ausbacken. Diese mit dem Obst-Quark auf Tellern dekorativ anrichten und servieren.

Zubereitungszeit: ca. 25 Min.

Bulgur mit Gurkengemüse und Dillsauce

Für 3 Personen

100 g Bulgur

450 ml Wasser

1/2 TL Meersalz

2 mittelgroße Salatgurken

1 Bund Frühlingszwiebeln

2 EL Olivenöl

Kräutersalz

frischer Pfeffer aus der Mühle

Sojasauce

Dillsauce

150 ml süße Sahne

2 EL Reismehl

1 Bund Dill

Saft einer unbehandelten Zitrone

Den Bulgur auf ein Haarsieb geben und mit warmem Wasser abspülen. 250 ml des Wassers mit dem Meersalz zum Kochen bringen, den Bulgur hineingeben und diesen bei mittlerer Hitze zugedeckt etwa 10 Minuten ausquellen lassen.

In der Zwischenzeit die Gurken putzen, schälen und der Länge nach vierteln. Dann mit einem Küchenmesser die Kerne herausschneiden und die Viertel in etwa 1 cm breite Stücke zerteilen. Die Frühlingszwiebeln ebenfalls putzen, waschen und in schmale Ringe schneiden. Das Olivenöl in einem Topf erhitzen und die Gurkenstücke sowie die Frühlingszwiebeln darin bei mittlerer Hitze kurz andünsten. Anschließend das restliche Wasser angießen, das Gemüse circa 5 Minuten garen und mit Salz, Pfeffer und Sojasauce abschmecken. Danach die Gurkenbrühe abgießen und für die Sauce weiterverwenden.

Dillsauce

Die Sahne mit dem Reismehl verrühren und aufkochen lassen. Dann nach und nach 150 ml Gurkenbrühe unterrühren und die Sauce erneut aufkochen lassen. Den Dill waschen und fein hacken. Anschließend in die Sauce rühren und diese mit Kräutersalz und Zitronensaft abschmecken.

Den Bulgur zusammen mit dem Gurkengemüse auf Tellern dekorativ anrichten, die Dillsauce darüber gießen und servieren.

Zubereitungszeit: ca. 25 Min.

FIX FERTIG - ABER ÖKO

Der Trend in der Küche geht zu den Fertiggerichten, da sind sich die Soziologen einig. "Convienience-Food" nennen sie das Essen, das man nur noch aus der Kühltruhe nimmt und in die Mikrowelle schiebt. Aber auch Eintopfdosen oder Suppen und Kartoffelbrei aus der Tüte gehören dazu. Das englische Wort Convenience steht für Bequemlichkeit und Komfort, und bequem für den Verbraucher sind die Produkte: Kein Putzen, Schälen, Schnippeln und langes Garen mehr, weniger dreckiges Geschirr und mehr Zeit für angenehmere Dinge als Küchenarbeit.

In der Vollwertküche hat das Kochen mit frischen Zutaten einen höheren Stellenwert. Ein Lebensmittel wird als um so wertvoller für die Ernährung eingeschätzt, je natürlicher und unbehandelter es ist. Trotzdem finden sich auch in den Regalen der Naturkostläden zahlreiche Fertiggerichte. Denn auch Naturkost-Kunden haben nicht immer Lust oder Zeit zum Kochen. Aber sie legen

Wert darauf, dass die Zutaten zu diesen Gerichten ohne Pestizide und Kunstdünger heranwuchsen und dass sie schonend behandelt werden. Bio-Fertiggerichte erfüllen diese Ansprüche und sind damit ein vertretbarer Kompromiss zwischen vollwertiger Ernährung und dem Wunsch nach mehr Bequemlichkeit im Alltag.

Zudem bieten sie eine Auswahl, die konventionellen Produkten kaum nachsteht. Entscheidend für die Qualität ist, dass die Zutaten bis hin zu den Gewürzen aus ökologischem Anbau stammen. Durch den Verzicht auf synthetischen Dünger und Pestizide schützen Bio-Bauern unser Trinkwasser vor Nitrat und erhalten die Vielfalt an Pflanzen und Insekten auf den Wiesen und Äckern. Statt auf die Werbesprüche von BASF, Bayer und Co. setzen sie auf funktionierende ökologische Systeme, die keine chemische Nachhilfe brauchen. Lebensmittel, die so erzeugt werden, enthalten weniger Schadstoffe und sind vitalstoffreicher als konventionelle Produkte.

Ganz ohne Zusätze kommen auch die Hersteller von Bio-Gerichten nicht aus. Durch Verarbeitungsrichtlinien ist klar geregelt, welche Stoffe verwendet werden dürfen. Die Anbauverbände wie Bioland oder Demeter kontrollieren die Einhaltung der Regeln. Erlaubt sind als Zusatzstoffe pflanzliche Verdickungsmittel wie Agar-Agar, Johannisbrotkernmehl oder Pektin und die Rieselhilfsmittel Calciumcarbonat (E 170) und Magnesiumcarbonat (E 504). Für Kartoffelprodukte ist der Zusatz von Vitamin C oder Zitronensäure zugelassen, um ein Verfärben zu verhindern. Eingesetzt werden dürfen auch die für Trockenmischungen wichtigen Zutaten native Stärke, Quellstärke und Hefeextrakt. Hier haben Biohersteller in den letzten Jahren eigene gentechnikfreie Öko-Hefe-Züchtungen entwickelt, um vom konventionellen Markt unabhängig zu werden.

Enzyme sind nur bei der Pressung weniger Säfte zugelassen, natürliche Aromen finden sich in manchen Früchtejoghurts und Teemischungen. Für Fertiggerichte und andere Produkte sind diese beiden Stoffgruppen nicht erlaubt. Die EU-Bioverordnung ist allerdings bei den Zusatzstoffen großzügiger als die hier dargestellten deutschen Richtlinien. Bei Produkten, die nur dem EU-Biostandard entsprechen, lohnt sich deshalb ein Blick aufs Etikett.

Suppen und Soßen aus der Tüte

Brühwürfel und gekörnte Brühe auf pflanzlicher Basis gibt es im Naturkostladen schon seit langem. In den letzten Jahren ist auch eine breite Palette an Fertigsuppen dazugekommen. Im Gegensatz zu konventionelle Tütensuppen kommen sie in den meisten Fällen ohne Hefeextrakt und immer ohne modifizierte (also chemisch veränderte) Stärke aus. Für die Sämigkeit sorgt statt dessen Vollkornmehl, und der Geschmack kommt von den Zutaten selbst. In einer Lauchsuppe ist vor allem Lauch. Weil die Zutaten nur getrocknet aber nicht weiter behandelt werden, brauchen die Suppen etwas länger, bis sie gar sind. Auch Soßen gibt es in den verschiedensten Geschmacksrichtungen, als Dressing für Salate, als Dip für Gemüse oder als Beilage zu Nudeln und Fleisch. Käse- oder Buttersoßen wie die 'Sauce Hollandaise' fehlen im Sortiment. Damit das Käsefett nicht ranzig wird, müssten Antioxidantien eingesetzt werden und das lehnen die Öko-Hersteller ab. Dafür achten sie darauf, dass ihre Suppen und Soßen für Menschen mit Nahrungsmittelallergien geeignet sind. Viele Produkte tragen deshalb den Hinweis, dass sie frei von Gluten, Milcheiweiß oder Hefe sind.

Ketchup & Co.

Eingemachte Tomaten gibt es in allen Variationen: Geschält und geviertelt als Belag für eine Pizza, konzentriert als Tomatenmark oder in der Flasche als Ketchup. Dazu kommen Soßen im Glas für Nudeln oder Reis in vielen Geschmacksrichtungen: Mild für die Kleinen, scharf mit Peperoni, deftig mit Knoblauch und Zwiebel, oder mit Gemüse wie in der Toscana. Sogar fertige Beilagen auf Tomatenbasis gibt es, etwa Ratatouille oder Auberginengemüse. Alle Produkte kommen ohne Konservierungsstoffe aus. Die Hersteller müssen deshalb peinlich genau darauf achten, nur erstklassige Tomaten zu verarbeiten. Trotzdem sollte man geöffnete Produkte bald verzehren. Ketchup, der sich in einer offenen Flasche im Eisschrank ein halbes Jahr hält, gibt es nur mit chemische Hilfe. Verzichtet wird bei den Bio-Produkten auch auf Zucker, der in konventionellen Ketchups bis zu 30 Prozent ausmachen kann.

Kartoffelgerichte

Auch viele Vollwert-Fans machen ihre Kartoffelknödel nicht selbst. Das Reiben mit dem anschließenden Auswringen im Leinentuch ist ihnen zu aufwendig und ungewöhnt. Auch bei Kartoffelbrei oder -puffern gehört der Griff zur Tüte oft zum Küchenalltag. Die Verarbeitung der Knolle geschieht zwar schonender als bei konventionellen Herstellern. Zum Teil wird sogar unter Luftabschluss gearbeitet, um auf chemische Hilfsmittel verzichten zu können. Dennoch leiden vor allem die Vitamine C, B_1 und B_6 sowie die essentiellen Aminosäuren unter der Verarbeitung. Neben den Tütengerichten gibt es in der Kühltheke fertig geformte Gnocchi, in natur und mit Spinat grün gefärbt. Die italienische Spezialität aus Kartoffeln und Weizengrieß muss man nur zwei Minuten in Salzwasser kochen. Viele Kartoffelgerichte finden sich auch in der Tiefkühltruhe.

Bratlinge

Die Gemüsebuletten gehören zu den Standards der Vollwertküche und waren lange Zeit in Kantinen und Großküchen das vegetarische Gericht der Wahl. Denn Bratlinge lassen sich gut vorproduzieren, müssen nur noch aus der PE-Folie genommen und in die heiße Pfanne gelegt werden. Als Grundlage dienen geschrotetes Getreide, Hülsenfrüchte oder Tofu. Es gibt aber auch trockene Teigmischungen, die man mit Wasser anrührt, ausquellen lässt und mit frischen Zwiebelwürfeln zu einem Teig verrührt und ausbäckt. Mit Vollkornbrötchen, Salat und Ketchup lassen sich richtige Bio-Burger daraus zaubern. An Geschmacksvarianten finden sich Mais, Grünkern, Dinkel, Hafer, Linsen-Curry oder Maronen. Beim Braten sollte man nicht zu viel Fett in die Pfanne tun. Die Bouletten saugen das Fett auf und können sich so zu richtigen Kalorienbomben entwickeln. Völlig fettfrei aber zeitaufwendiger ist das Braten im Backrohr. Man kann den Teig aber auch anders nutzen: als Panade für Tofu oder als Grundlage für Eintöpfe und Aufläufe.

Konserven und Eintöpfe

Die wichtigsten Obst- und Gemüsesorten gibt es in Bioqualität auch im Glas. In der Regel sind sie so weit vorbereitet, dass sie in der Küche nur noch erhitzt werden müssen. Neben den Standards wie Erbsen, Karotten, Mais, Blau- und Sauerkraut sorgen weiße Bohnen, Linsen, Kichererbsen oder Kürbis für Auswahl. Saures Gemüse ist in der Regel nur pasteurisiert. Schwimmt das Gemüse in Salzwasser, wird es bei 110 bis 120 Grad sterilisiert und gleichzeitig weichgegart. Hitzeempfindliche Nährstoffe wie Vitamin C und Folsäure werden dabei zum Teil abgebaut. Die Hersteller betonen allerdings, dass dies auch geschieht, wenn man Karotten oder Erbsen auf dem heimische Herd weichkocht. Neben einzelnen Gemüsesorten gibt es auch fertig zubereitete Eintöpfe in der Dose.

Als süße Beilagen gibt es Birnen, Aprikosen und Pflaumen als ganze oder halbierte Früchte, aber auch Ananas, Papaya und andere Exoten. Äpfel werden ungesüßt als Apfelmark oder zusammen mit Agavendicksaft oder anderen Süßungsmitteln als Apfelmus angeboten. Zucker oder künstliche Süßstoffe sind für die Hersteller tabu, ebenso Farb- und Konservierungsstoffe. Einziger Zusatz ist in manchen Fällen Zitronensaft, damit Apfelmus oder Maiskörner ihre Farbe behalten und nicht braun werden.

Tiefkühlkost

Das Angebot an Tiefgekühltem in Bio-Qualität ist enorm. Da finden sich verschiedene Gemüse, friteusefertige Pommes oder Croissants und Apfelstrudel zum Aufbacken. Natürlich gibt es auch diverse Pizzen, Lasagne, Fischstäbchen aus Tofu, Frühlingsrollen und viele vorgekochte Kartoffelprodukte: Puffer, Knödel, mit Käse gefüllte Kartoffeltaschen und Röstis. Angeboten werden auch komplette Mahlzeiten wie Gemüsestrudel, Maultaschen oder Lauchkuchen und zum Nachtisch Bio-Eis.

Für die Ernährungswissenschaftler hat das Tiefgefrieren einen großen Vorteil. Die Vitamine und Nährstoffe bleiben im Vergleich zu anderen Konservierungsverfahren weitgehend erhalten. Das ist vor allem bei Gemüse interessant, das direkt nach der Ernte eingefroren wird und so das ganze Jahr über zur Verfügung steht. Da greifen auch Menschen, die gerne selbst kochen, in die Truhe. Bei Fertiggerichten bleiben die Inhaltsstoffe erhalten, die eine küchenübliche Zubereitung überstanden haben.

Negativ zu Buche schlägt bei Tiefkühlkost der hohe Energieverbrauch beim Einfrieren, Transportieren und Lagern.

Desserts

Wer etwas Süßes als schnellen Nachtisch sucht, hat mehrere Möglichkeiten. Für Puddingliebhaber gibt es Zubereitungen in vielen Geschmacksrichtungen. Am häufigsten sind Schoko und Vanille. Der Beutelpudding hat den Vorteil, dass er individuell gesüßt werden kann, bei den löffelfertigen Produkten im Glas ist das Süßungsmittel schon dabei. Menschen, die an Milchallergie leiden oder Veganer können auf Desserts auf Soja-Basis zurückgreifen. Wer es körniger mag, ist mit Milchreis gut bedient. Es gibt ihn pur oder mit Rosinen und getrockneten Apfelstückchen. Weil die Randschichten der Reiskörner abgeschliffen wurden, muss er nach fünf Minuten Köcheln nur 15 Minuten nachquellen. Noch schneller geht es mit Desserts, die aus Getreideflocken und verschiedenen Trockenfrüchten gemischt sind. Sie sind nach einer Minute Kochzeit und fünf bis zehn Minuten fürs Aufquellen fertig.

Bio-Convenience

Buchstaben-Nudelsuppe

Für 4 Personen

1 Möhre
1 Stange Lauch
1000 ml Gemüsebrühe
100 g Suppennudeln
100 g grüne Bohnen (aus dem Glas)

Die Möhre schälen und in dünne Scheiben schneiden. Die Lauchstange putzen, auf einer Seite einschneiden und unter fließendem Wasser den gröbsten Dreck entfernen. Anschließend die Lauchstange in Streifen schneiden und das Lauch waschen. Die Gemüsebrühe zum Kochen bringen, die Möhrenscheiben sowie die Nudeln hineingeben und etwa 5 Minuten bei mittlerer Hitze dünsten. Dann die Lauchstreifen sowie die Bohnen aus dem Glas hinzugeben und circa 5 Minuten mitdünsten, bis die Nudeln bissfest sind und das Gemüse gar ist.

Zubereitungszeit: ca. 20 Min.

Champignonrohkost mit Tomatendressing

Für 4 Personen

400 g frische weiße Champignons

75 g Crème fraîche

50 ml süße Sahne

Saft einer halben unbehandelten Zitrone

2 EL Tomatenketchup

Sojasauce

Kräutersalz

frischer Pfeffer aus der Mühle

1 Bund Petersilie

Die Champignons mit einem feuchten Tuch vorsichtig abreiben und säubern. Anschließend die Pilze in feine Scheiben schneiden.

Die Crème fraîche mit der Sahne, dem Zitronensaft und dem Ketchup verrühren und mit Sojasauce, Salz und Pfeffer abschmecken. Die Petersilie putzen, waschen und klein hacken. Die Salatsauce erst kurz vor dem Servieren über die Champignons geben, da sie sonst weich und matschig werden. Den Salat mit der Petersilie bestreut servieren.

Zubereitungszeit: ca. 20 Min.

Soja-Paprika-Pfanne

Für 3 Personen

200 g Soja-Schnetzel

warme Gemüsebrühe

2 Zwiebeln

1 rote Paprikaschote

1 grüne Paprikaschote

2 EL Olivenöl

Kräutersalz

frischer Pfeffer aus der Mühle

1 Msp. Cayennepfeffer

½ TL scharfes Paprikapulver

4 EL Crème fraîche

Die Soja-Schnetzel mit warmer Gemüsebrühe bedecken und 10 Minuten einweichen. Anschließend die Schnetzel auf ein Sieb geben, die Brühe auffangen und die Schnetzel leicht ausdrücken. Die Zwiebeln schälen, putzen und in kleine Würfel schneiden. Die Paprikaschoten ebenfalls putzen, waschen und grob würfeln. Das Olivenöl erhitzen und die Zwiebelwürfel darin glasig werden lassen. Anschließend die Paprikastücke sowie die Schnetzel hinzufügen, kurz anbraten und mit etwas Gemüsebrühe ablöschen. Das Gemüse und das Sojafleisch unter gelegentlichem Rühren bei geringerer Hitze etwa 10 Minuten mit anbraten. Mit Salz, Pfeffer, Cayennepfeffer und Paprikapulver kräftig würzen und mit der Crème fraîche verfeinern.

Zubereitungszeit: ca. 20 Min.

Gerstenschrot-Suppe

Für 4 Personen

4 EL feines Gersten-Vollkornschrot
1000 ml Gemüsebrühe
Kräutersalz
1 Prise Anispulver
1 Prise Fenchelpulver
frisch geriebene Muskatnuss
100 ml süße Sahne
2 EL frischer oder getrockneter Kerbel

Das Gersten-Vollkornschrot in einem heißen Topf ohne Fettzugabe unter Rühren einige Minuten leicht darren. Dann die kalte Gemüsebrühe angießen und unter ständigem Rühren aufkochen lassen. Dabei darauf achten, dass die Gerste nicht ansetzt. Die Gerste bei mittlerer Hitze etwa 8 Minuten ausquellen lassen und Suppe mit Kräutersalz, Anis, Fenchel und Muskat würzen. Die Sahne unter die Suppe ziehen, den Kerbel waschen und fein hacken. Die Suppe in Teller gießen, den Kerbel darüber streuen und servieren.

Zubereitungszeit: ca. 20 Min.

Linseneintopf mit Tofuwürstchen

Für 2 Personen

250 g rote Linsen
1 Zwiebel
1 Knoblauchzehe
2 Möhren
1 Stange Lauch
2 EL Butter oder Margarine
1 TL Kurkuma
1/2 TL Currypulver
700 ml Gemüsebrühe
4 Pellkartoffeln vom Vortag
2 Tofuwürstchen
1 Bund Petersilie

Die Linsen in eine Schüssel geben und mit heißem Wasser waschen. Dabei eventuelle Steinchen entfernen. Die Zwiebel sowie die Knoblauchzehe schälen, die Zwiebel in feine Würfel schneiden, die Knoblauchzehe durch eine Presse drücken. Die Möhren schälen, waschen und in feine Scheiben schneiden. Die Lauchstange putzen, auf einer Seite einschneiden und unter fließendem Wasser den groben Dreck entfernen. Anschließend die Stange ebenfalls in etwa 1 cm breite Ringe schneiden und erneut gut durchwaschen.

Das Fett in einem großen Topf schmelzen und die Zwiebel- sowie die Knoblauchwürfel darin glasig werden lassen. Danach Kurkuma und Currypulver unterrühren und die Möhrenscheiben sowie die Linsen hinzugeben. Das Gemüse unter Rühren kurz anbraten und mit der Gemüsebrühe ablöschen. Das Gemüse nun bei mittlerer Hitze etwa 8 Minuten dünsten. Dann die Porreestücke sowie die in mundgerechte Stücke zerteilten Kartoffeln und die in Scheiben geschnittene Tofuwürstchen hinzugeben und alles noch weitere 5 Minuten köcheln lassen. Die Petersilie putzen, waschen und klein hacken. Den Eintopf auf tiefe Teller verteilen und mit der Petersilie bestreut servieren.

Zubereitungszeit: ca. 20 Min.

Bio-Gemüseburger

Ergibt 2 Stück

1 Packung Teigmischung „Bratlinge“ oder „Burger“

2-4 EL Olivenöl

2 Vollkornbrötchen

2 EL Ketchup

1 EL Senf

2 Blätter Kopfsalat

2 Scheiben Gouda oder Bergkäse

Für die Bratlinge oder Burger die Teigmischung entsprechend der Packungsanweisung mit Wasser anrühren und ausquellen lassen. Das Olivenöl in einer Pfanne heiß werden lassen und darin zwei Bratlinge von beiden Seiten knusprig ausbacken.

Die Vollkornbrötchen halbieren, die Unterseiten mit Ketchup und die Oberseiten mit Senf bestreichen. Auf die Unterseiten anschließend die Salatblätter und darauf die Bratlinge legen. Die Oberseiten der Brötchen mit den Käsescheiben belegen. Nun die Brötchenhälften zusammenklappen und die Gemüseburger genießen.

Zubereitungszeit: ca. 20 Min.

Früchte-Boden superschnell

Ergibt 12 Stücke Kuchen

1 fertig belegbarer Tortenboden vom Biobäcker

je 1 Glas (330 ml) Ananas-Stücke, Mango-Stücke, Papaya-Stücke

3 Bananen

Guss

evtl. 250 ml Ananassaft (oder Apfelsaft)

1-2 gehäufte EL Vanille-Puddingpulver

Vollrohrzucker je nach Süße des Saftes

100 g Mandelblättchen

250 ml süße Sahne

Den Tortenboden auf eine Kuchenplatte legen. Dann die Ananas-, Mango- und Papayastücke zusammen auf ein Sieb geben, abtropfen lassen und den Saft auffangen. Die Bananen schälen, eventuell der Länge nach halbieren und in Scheiben schneiden. Die Früchte in eine Schüssel geben und vermischen. Anschließend die Früchte auf dem Kuchenboden gleichmäßig verteilen.

Guss

Insgesamt werden für den Guss 250 ml Flüssigkeit benötigt. Sollte der aufgefangene Saft nicht so viel hergeben, diesen mit dem Ananassaft oder dem Apfelsaft auf 250 ml auffüllen. Von dem Saft dann etwa 4 Esslöffel abnehmen und mit dem Vanille-Puddingpulver und etwas Vollrohrzucker verrühren. Bitte vorher an dem Saft probieren. Wenn er süß genug erscheint, vorerst keinen Zucker zufügen. Den restlichen Saft in einem Topf zum Kochen bringen, das Puddingpulver mit einem Schneebesen einrühren und unter Rühren aufkochen lassen. Den Topf vom Herd nehmen und den Guss etwa 5 Minuten abkühlen lassen. Er darf aber auf keine Fall schon fest werden. Den Guss anschließend mit einem Löffel auf den Früchten verteilen und erkalten lassen.

Den Kuchen mit den Mandelblättchen verzieren, die Sahne steif schlagen und den Kuchen servieren.

Zubereitungszeit: ca. 15 Min.

Brokkoli mit Fertigklößen und heller Feinkostsauce

Für 2 Personen

1500 ml Salzwasser

1 Packung (400 g, 4 Stück) tiefgefrorene Kartoffelklöße

1 große Brokkolistaude

250 ml Gemüsebrühe

20 g (3 EL) Saucenpulver für helle Feinkostsauce

2 EL süße Sahne

Das Salzwasser zum Kochen bringen. Danach die Klöße unaufgetaut in das Wasser geben und bei mittlerer Hitze etwa 15 Minuten gar ziehen lassen.

Den Brokkoli in Röschen brechen und waschen. Die Gemüsebrühe zum Kochen bringen und den Brokkoli darin bei mittlerer Hitze zugedeckt etwa 8 Minuten bissfest dünsten. Anschließend auf ein Sieb geben und abtropfen lassen. Dabei die Brokkolibrühe auffangen und für die Sauce aufbewahren.

Das Pulver für die Feinkostsauce in 200 ml der lauwarmen Brokkolibrühe einrühren, kurz aufkochen lassen und bei mittlerer Hitze etwa 3 Minuten unter gelegentlichem Rühren köcheln lassen. Dann die Sahne unterrühren.

Den Brokkoli sowie je zwei Klöße auf Tellern anrichten, die helle Feinkostsauce darüber gießen und servieren.

Zubereitungszeit: ca. 20 Min.

Sauerkraut mit Kartoffelpüree und Wiener Tofuwürstchen

Für 2 Personen

500 g Sauerkraut

1 Zwiebel

1 Apfel (z.B. Boskoop)

2 EL Butter oder Margarine

Gemüsebrühekonzentrat

Kräutersalz

Flüssigwürze

1 EL Apfeldicksaft

100 ml naturtrüber Apfelsaft

250 ml Wasser

250 ml Milch

1 Packung Kartoffelpüreepulver für 500 ml Flüssigkeit

frisch geriebene Muskatnuss

2 Wiener Tofuwürstchen

2 EL körniger Senf

Das Sauerkraut auf ein Sieb geben und mit heißem Wasser abspülen. Danach abtropfen lassen. Die Zwiebel schälen und fein würfeln, den Apfel schälen, entkernen und ebenfalls in kleine Würfel schneiden. Das Fett in einem Topf erhitzen und die Zwiebel- und Apfelwürfel kurz andünsten. Dann das Sauerkraut sowie Gemüsebrühekonzentrat, Kräutersalz, Flüssigwürze Apfelsaft und Apfeldicksaft zugeben und das Sauerkraut bei mittlerer Hitze etwa 8 Minuten dünsten.

Zwischenzeitlich das Wasser mit der Milch verrühren, drei Viertel der Flüssigkeit in einen Topf geben und aufkochen lassen. Nach dem Erhitzen die restliche Flüssigkeit zugeben und das Kartoffelpüreepulver mit einem Schneebesen einrühren. Das Püree etwa eine Minute quellen lassen. Danach mit Kräutersalz und frisch geriebener Muskatnuss pikant abschmecken. Die Wiener Tofuwürstchen in heißem Wasser etwa 2 Minuten erwärmen.

Das Kartoffelpüree portionsweise zusammen mit dem Sauerkraut und jeweils einem Würstchen dekorativ auf Tellern anrichten. Den Senf dazu reichen.

Zubereitungszeit: ca. 20 Min.

Blumenkohlauflauf mit roter Bete und Käsesauce

Für 2 Personen

1 Glas (370 ml) rote Bete in Scheiben

1 kleiner Blumenkohl

250 ml Gemüsebrühe

6 mittelgroße Pellkartoffeln vom Vortag

Kräutersalz

frischer Pfeffer aus der Mühle

Käsesauce

150 ml süße Sahne

2 EL Reismehl

Kräutersalz

100 g geriebener Emmentaler

Die rote Bete-Scheiben auf ein Sieb geben und gut abtropfen lassen. Den Blumenkohl in große Röschen brechen, waschen und in der Gemüsebrühe in etwa 8 Minuten gar dünsten. Anschließend auf ein Sieb geben und die Blumenkohlbrühe für die Sauce auffangen.

Die Pellkartoffeln vom Vortag in Scheiben schneiden, in eine feuerfeste Form legen und mit Kräutersalz sowie Pfeffer bestreuen. Dann die rote Bete-Scheiben fächerförmig darauf schichten und den Blumenkohl obenauf legen. Den Blumenkohlauflauf nun im vorgeheizten Backofen bei 200°C (Heißluft 180°C) etwa 10 Minuten backen.

Käsesauce

Die Sahne mit 150 ml Blumenkohlbrühe in einen Topf geben und mit einem Schneebesen das Reismehl einrühren. Die Flüssigkeit aufkochen lassen und mit Kräutersalz abschmecken. Dann den Topf vom Herd nehmen, leicht abkühlen lassen und den Käse einstreuen. Die Sauce anschließend erneut aufkochen lassen.

Den Auflauf aus dem Ofen nehmen, mit der Käsesauce übergießen und servieren.

Zubereitungszeit: ca. 20 Min.

Pitabrote mit Gyros

Ergibt 2 Pitabrot-Taschen

1 Zwiebel

2 EL Olivenöl

200 g verzehrfertiges Tofu-Geschnetzeltes oder Pfannen-Gyros

1 TL körniger Senf

50 ml süße Sahne

3 mittelgroße Möhren

6 Gewürzgurken aus dem Glas

2 EL Sonnenblumenöl

Saft einer unbehandelten Zitrone

2 EL Naturjoghurt

Kräutersalz

Flüssigwürze

1 EL getrockneter Dill

2 Vollkorn-Pitabrot-Taschen

Die Zwiebel schälen und fein würfeln. Das Öl in einer Pfanne erhitzen und das Tofu-Geschnetzelte darin bei mittlerer Hitze etwa 5 Minuten anbraten. Dabei öfters rühren, damit es nicht anbrennt. Anschließend den Senf und die Sahne unterrühren.

Die Möhren schälen und auf einer Küchenreibe fein raspeln, die Gewürzgurken in dünne Scheiben schneiden. Das Sonnenblumenöl zusammen mit dem Zitronensaft und dem Naturjoghurt in einer Schüssel verrühren und mit Kräutersalz, Flüssigwürze und Dill würzig abschmecken.

Die Vollkorn-Pita-Taschen im Toaster auf mittlerer Stufe toasten, auf einer Seite aufschneiden und leicht auskühlen lassen. Anschließend das Geschnetzelte abwechselnd mit dem Möhrensalat in die beiden Pita-Taschen füllen und servieren.

Zubereitungszeit: ca. 20 Min.

Kroketten mit Rotkohl und dunkler Feinkostsauce

Für 4 Personen

1 Paket (400 g) TK-Kroketten

1 Glas (720 ml) Rotkohl

Kräutersalz

Flüssigwürze

1 EL Apfeldicksaft

40 g (6 EL) Saucenpulver für dunkle Feinkostsauce

400 ml lauwarme Gemüsebrühe

4 EL süße Sahne

1 Glas (275 ml) Pfifferlinge

Die Kroketten unaufgetaut im auf 200°C (Heißluft 180°C) vorgeheizten Backofen in etwa 15 Minuten aufbacken. In der Zwischenzeit den Rotkohl auf ein Sieb geben und gut abtropfen lassen. Anschließend das Gemüse in einem Topf bei mittlerer Hitze erwärmen und mit Kräutersalz, Flüssigwürze und Apfeldicksaft abschmecken.

Das Pulver für die Feinkostsauce in die lauwarme Gemüsebrühe einrühren, kurz aufkochen lassen und bei mittlerer Hitze etwa 3 Minuten unter gelegentlichem Rühren köcheln lassen. Dann die Sahne unterrühren. Die Pfifferlinge ebenfalls auf ein Sieb geben, abtropfen lassen und in kleine Stücke schneiden. Anschließend die Pilze in die Sauce geben und warm werden lassen.

Die Kroketten portionsweise auf Tellern verteilen, den Rotkohl daneben anrichten und zusammen mit der dunklen Feinkostsauce servieren.

Zubereitungszeit: ca. 20 Min.

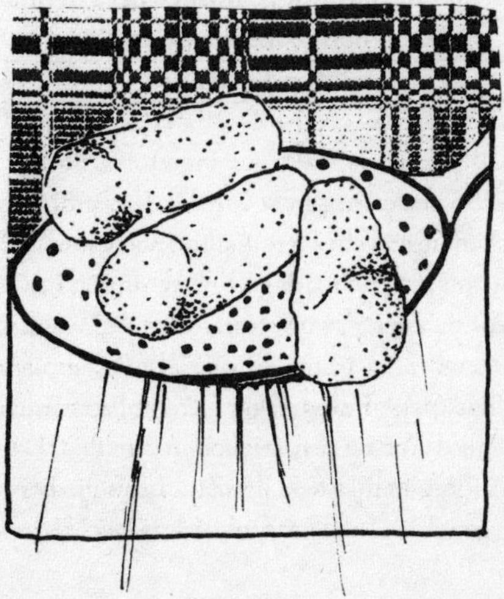

Schnelle Auberginenpizza

Für 2 Personen

1 kleine Aubergine

1 mittelgroße Zucchini

4 EL Tomatenmark

4 EL Tomatenketchup

Saft einer unbehandelten Zitrone

Kräutersalz

1 EL Pizzagewürz (Oregano, Basilikum, Rosmarin, Thymian)

2 fertig belegbare Pizzateig-Böden

250 g Schafkäse

Den Backofen auf 200°C (Heißluft 180°C) vorheizen. Die Aubergine sowie die Zucchini putzen, waschen und in etwa 5 mm dünne Scheiben schneiden. Anschließend das Tomatenmark mit dem Ketchup, dem Zitronensaft, dem Salz und dem Pizzagewürz verrühren. Die beiden Pizzaböden auf mit Backpapier ausgelegte Bleche legen und die Tomatensauce auf den Teigböden verteilen. Danach die Auberginen- sowie die Zucchinischeiben darauf legen. Den Schafkäse mit einer Gabel zerbröseln und über das Gemüse streuen. Nun die Pizza im Backofen 15 Minuten backen, herausnehmen und servieren.

Zubereitungszeit: ca. 25 Min.

Champignon-Zwiebeltoast mit Rührei

Für 2 Personen

500 g Champignons
2 Zwiebeln
3 TL Butter oder Margarine
Kräutersalz
frischer Pfeffer aus der Mühle
1 EL getrockneter Thymian
4 Eier
Meersalz
1/2 Bund Petersilie
4 Scheiben Vollkorntoast
2 EL Delikatess-Brotaufstrich

Die Champignons mit einem feuchten Tuch vorsichtig abreiben und anschließend in Scheiben schneiden. Danach in einem Topf bei stärkerer Hitze im eignen Saft andünsten. Die Pilze nach einigen Minuten auf ein Sieb geben und abtropfen lassen. Die Zwiebeln schälen und in feine Würfel schneiden. Zwei Drittel des Fettes in einem Topf schmelzen und die Zwiebelwürfel darin glasig werden lassen. Nun die Champignons zu den Zwiebeln geben und diese bei mittlerer Hitze unter gelegentlichem Rühren etwa 8 Minuten kross anbraten. Anschließend mit Kräutersalz, Pfeffer und Thymian würzen.

Die Eier in einer Schüssel aufschlagen, mit einer Gabel verquirlen und mit Meersalz würzen. Die Petersilie putzen, waschen und klein hacken. Danach die restliche Butter oder Margarine in einer Pfanne erhitzen, die verquirlten Eier sowie die gehackte Petersilie hineingeben und die Hitze reduzieren. Die Eier nun einige Minuten unter ständigem Rühren stocken lassen.

Die Vollkorntoastscheiben im Toaster rösten und mit dem Brotaufstrich bestreichen. Danach mit dem Champignon-Zwiebelgemüse belegen und zusammen mit dem Rührei servieren.

Zubereitungszeit: ca. 20 Min.

Couscous mit Pesto-Sauce

Für 4 Personen

450 ml Gemüsebrühe
300 g Couscous
2 Zwiebeln
4 Tomaten
2 EL Olivenöl
1 Glas (180 g) Pesto
2 EL Pinienkerne

Die Gemüsebrühe zum Kochen bringen und den Couscous mit einem Schneebesen einrühren. Anschließend das Getreide zugedeckt bei mittlerer Hitze etwa 10 Minuten quellen lassen. In der Zwischenzeit die Zwiebeln schälen und in feine Würfel schneiden. Die Tomaten von den Stielansätzen befreien und in grobe Würfel zerteilen. Das Olivenöl in einem Topf erhitzen, die Zwiebelwürfel darin glasig werden lassen und anschließend die Tomatenstücke darin kurz anbraten. Dann das Pesto hinzugeben und gut unterrühren. Den Couscous portionsweise auf Tellern verteilen, die Pesto-

Sauce mit dem Zwiebel-Tomatengemüse darüber geben und mit den Pinienkernen bestreut servieren.

Zubereitungszeit: ca. 20 Min.

Grünkern mit Gemüse und Estragonsauce

Für 2 Personen

1 Zwiebel
2 EL Butter oder Margarine
100 g Grünkernschrot
500 ml Gemüsebrühe
1 Lorbeerblatt
Kräutersalz
frischer Pfeffer aus der Mühle
2 große Stangen Porree
300 ml Gemüsebrühe
frisch geriebene Muskatnuss
4 EL Tiefkühl-Erbsen
4 EL Gemüsemais aus dem Glas

Estragon-Sauce

150 ml süße Sahne
2 EL fein gemahlenes Dinkel-Vollkornmehl
1/2 TL Kurkuma
1/2 TL Currypulver
1 EL Estragon

Die Zwiebel schälen und in feine Würfel schneiden. Dann das Fett in einem Topf erhitzen und die Zwiebelwürfel sowie den Grünkern unter Rühren darin anschwitzen. Das Getreide mit 500 ml Brühe ablöschen und das Lorbeerblatt sowie Salz und Pfeffer hinzugeben. Danach den Grünkern zugedeckt bei geringer Hitze unter gelegentlichem Rühren etwa 10 Minuten ausquellen lassen. Das Lorbeerblatt entfernen.

In der Zwischenzeit die Porreestangen putzen, auf einer Seite einschneiden und unter fließendem Wasser den groben Dreck entfernen. Anschließend die Stangen in etwa 1 cm breite Stücke schneiden und diese erneut gut durchwaschen. Die 300 ml Gemüsebrühe zum Kochen bringen und die Porreestücke hineingeben. Diese mit reichlich Muskatnuss würzen und zugedeckt bei mittlerer Hitze etwa 5 Minuten gar dünsten. In den letzten zwei Minuten die abgespülten Tiefkühl-Erbsen zu dem Porreegemüse geben. Den Mais auf ein Sieb geben, gut abtropfen lassen und ebenfalls dem Gemüse beimengen. Das Gemüse anschließend auf ein Sieb füllen und die Porreebrühe für die Sauce auffangen. Das Gemüse zum Warmhalten zurück in den Topf geben.

Estragonsauce

Die Sahne in einen Topf geben und mit dem Mehl sowie dem Kurkuma und dem Curry verrühren. Die Sauce anschließend aufkochen lassen und nach und nach 150 ml der Porreebrühe angießen. Die Sauce erneut aufkochen lassen und den Estragon einrühren. Danach den Topf vom Herd nehmen.

Den Grünkern portionsweise auf Tellern verteilen, das Gemüse daneben anrichten und die Estragonsauce über das Gemüse gießen.

Zubereitungszeit: ca. 20 Min.

BÜCHER ZUM THEMA

Bernau, Sabine;
Schulversagen durch falsche Ernährung.
Selbsthilfe bei Phosphatempfindlichkeit
und Allergie.
Hüthig Medizinverlag ^{2}1994,
ISBN 3-8304-0783-1, DM 18,80.

Birus, Thomas;
Was macht die
Tiefkühlpizza knusprig?
Fischer Taschenbuch Verlag 1999,
ISBN 3-596-14017-X, DM 18,90.

Flade, Sigrid;
Nahrungsmittel-Allergie
natürlich behandeln.
Gräfe u. Unzer ^{2}1998,
ISBN 3-7742-3375-6, DM 19,80.

Grimm, Hans-Ulrich;
Aus Teufels Topf.
Die neuen Risiken beim Essen.
Klett - Cotta 1999,
ISBN 3-608-91969-4, DM 39,80.

Grimm, Hans-Ulrich;
Die Suppe lügt.
Die schöne neue Welt des Essens.
Droemer Knaur 1997,
ISBN: 3-426-77402-X, DM 16,90.

Andreas Kühne;
Mikrowellen - Hinweise auf
Gesundheitsgefährdungen,
Institut für Mensch und Natur 1996,
ISBN 3-927203-00-9. DM 12,50.

Mollenhauer, Hans Peter;
Die Zutatenliste -
Kleines Lexikon der Zusatzstoffe .
AID [10]1999,
ISBN 3-89661-826-1, DM 4.-.

Pollmer, Udo;
Wohl bekomm's. Was Sie vor dem Einkauf
von Lebensmitteln wissen sollten.
Kiepenheuer & Witsch 1998,
ISBN 3-462-02692-5, DM 19,90.

Pollmer, Udo;
Vorsicht Geschmack.
Was ist drin in Lebensmitteln.
S. Hirzel Verlag 1998,
ISBN 3-7776-0804-1, DM 49.-.

EMPFOHLENE KOCHBÜCHER

Buchheim, Maria;
Feine Schnelle Küche.
Sigloch Edition 1999,
ISBN 3-89393-181-3, DM 19,80.

Döpp, Elisabeth;
Einfach vegetarisch -
Die schnelle fleischlose Küche.
Gräfe und Unzer,
ISBN 3-7742-2776-496, DM 19,80.

Fronius, Dagmar;
Schnelle Küche für jeden Tag.
Compact 1996,
ISBN 3-8174-3364-6, DM 3,95.

Furtmayr-Schuh, Annelies;
Die 30-Minuten Bio-Küche.
Trias Verlag,
ISBN 3-89373-363-9, DM 39,80.

Kushi, Aveline;
Makrobiotisch ohne Mühe.
Ein Leitfaden für die schnelle, gesunde Küche.
Pala 1993,
ISBN 3-923176-82-1, DM 29,80.

Raffeiner, Ute;
Schnelle Küche kurz vor 12.
Athesia 1999,
ISBN 88-8266-008-7, DM 24,00.

Rias-Bucher, Barbara;
Die 30-Minuten Küche.
Südwest-Verlag,
ISBN 3-517-07629-5, DM 29,90.

Schaal, Johanna;
Hamburger & Co. - Schnell und preiswert:
Fast Food aus der eigenen Küche.
Seehamer 1999,
ISBN: 3-932131-84-3, DM 10.-.

Schiermann, Inge;
BRIGITTE: Schnelle Küche.
Naumann & Göbel 1997,
ISBN 3-625-10219-6, DM 36,00.

Walker, Herbert;
Schnelle Vollwertküche mit Pfiff.
pala-verlag,
ISBN 3-89566-124-4, DM 19,90.

STICHWORTVERZEICHNIS